Sueli Carneiro

Dados Internacionais de Catalogação na Publicação (CIP)
(Câmara Brasileira do Livro, SP, Brasil)

Borges, Rosane da Silva
  Sueli Carneiro / Rosane da Silva Borges. -- São Paulo: Selo Negro, 2009. -- (Retratos do Brasil Negro / coordenada por Vera Lúcia Benedito)

  Bibliografia.
  ISBN 978-85-87478-36-8

  1. Carneiro, Sueli 2. Movimentos sociais 3. Mulheres negras - Atividade política 4. Negros - Brasil I. Benedito, Vera Lúcia. II. Título. III. Série.

09-06283   CDD-305.48896

Índice para catálogo sistemático:
1. Brasil: Ativistas negras: Biografia   305.48896

Compre em lugar de fotocopiar.
Cada real que você dá por um livro recompensa seus autores
e os convida a produzir mais sobre o tema;
incentiva seus editores a encomendar, traduzir e publicar
outras obras sobre o assunto;
e paga aos livreiros por estocar e levar até você livros
para a sua informação e o seu entretenimento.
Cada real que você dá pela fotocópia não autorizada de um livro
financia um crime
e ajuda a matar a produção intelectual de seu país.

RETRATOS DO BRASIL NEGRO

Sueli Carneiro

Rosane da Silva Borges

SUELI CARNEIRO
Copyright © 2009 by Rosane da Silva Borges
Direitos desta edição reservados para Summus Editorial

Editora executiva: **Soraia Bini Cury**
Editoras assistentes: **Andressa Bezerra e Bibiana Leme**
Coordenadora da coleção: **Vera Lúcia Benedito**
Capa, projeto gráfico e diagramação: **Gabrielly Silva/Origem**
Design *Foto da capa:* **João Carlos Santos**

1ª reimpressão, 2025

Selo Negro Edições
Departamento editorial:
Rua Itapicuru, 613 – 7º andar
05006-000 – São Paulo – SP
Fone: (11) 3872-3322
Fax: (11) 3872-7476
http://www.selonegro.com.br
e-mail: selonegro@selonegro.com.br

Atendimento ao consumidor:
Summus Editorial
Fone: (11) 3865-9890
Vendas por atacado:
Fone: (11) 3873-8638
Fax: (11) 3873-7085
e-mail: vendas@summus.com.br

Impresso no Brasil

À minha mãe, Alda Patrocínia da Silva Borges, por não sucumbir ao silêncio.

Às minhas irmãs, Áurea, Cláudia, Cleudes e Izolina, pela cumplicidade feminina.

Às minhas sobrinhas, Brenda Carolina, Paula Bianca, Ana Cecília e Emily, por darem continuidade à casa das mulheres.

A terceira margem do rio
Milton Nascimento/Caetano Veloso

[...]
Hora da palavra
Quando não se diz nada
Fora da palavra
Quando mais dentro aflora
[...]

Ao escrever...
Conceição Evaristo

Ao escrever a vida
no tubo de ensaio da partida
esmaecida nadando,
há neste inútil movimento
a enganosa-esperança
de laçar o tempo
e afagar o eterno.

(*Poemas da recordação e outros movimentos*, 2008)

Sumário

INTRODUÇÃO – DISCURSO E MEMÓRIA 11
Extensões em torno do escrito • 11
Sobre os bastidores da escrita • 18

PARTE I • A PREDIÇÃO DA GUERREIRA

1. A VOCAÇÃO DE HERDEIRA 25
   O papel da mãe • 33
   Um ideal de família negra • 38
   Guardiã dos mais novos • 40
   O casamento como insurreição • 41
   Da periferia ao centro: rotas e trajetos • 45
   Influências e heranças políticas: novos interlocutores
      em cena • 47
   A grande síntese: a irrupção de Lélia Gonzalez • 52
   Antes de tudo, a busca de (re)afirmação identitária • 58

PARTE II ▪ NA FRENTE DE BATALHA

2. NOVAS FRONTEIRAS DE ATUAÇÃO 63
   Alçando outros voos ▪ 70
   Demarcando as fronteiras: a criação do Geledés – Instituto
      da Mulher Negra ▪ 71
   Amplificando o debate e a atuação: conferências
      mundiais ▪ 82
   A projeção das ideias: consolidação da intelectual ▪ 83
   No rastro da letra ▪ 86
   Pesquisa acadêmica: dialogando com Michel Foucault ▪ 92

3. MAIS ALGUMAS PALAVRAS – A EMERGÊNCIA
   DA INTERLOCUTORA ACADÊMICA 97

   BIBLIOGRAFIA 101

Introdução – Discurso e memória

EXTENSÕES EM TORNO DO ESCRITO

Para que servem as biografias? Por que alguns nomes são alçados ao patamar do reconhecimento público? Sob que prismas uma história de vida deve ser contada? Por que os relatos de algumas trajetórias pessoais parecem ter um cordão mágico ligando experiências de vidas extraordinárias com a nossa, trivial e comezinha? Por que tramam tecidos especiais que tecem a nossa própria história?

As respostas, infindáveis, multiplicam-se ao gosto da freguesia. Abreviando o catálogo de possibilidades, podemos ensaiar algumas tentativas de resposta: as biografias vingam como modalidades de escrita para tirar do limbo nomes excepcionais, aureolados pelo martírio, pelo heroísmo ou pelo extraordinário, por algo que têm de exemplar ou de simbólico, salvá-los da nossa incontornável mortalidade; servem para nos transportar aos bastidores de cenas individuais, responsáveis pelas mudanças de rota de uma coletividade, para familiarizar-nos com modos de vida singulares, para que retornemos melhores do que partimos, como ao final de uma viagem.

Neste momento de registro intensificado da história do movimento negro e de seus personagens[1] – sem dúvida, um portal de acesso a uma soberania negada até hoje –, o ato biográfico, nessa fronteira, ganha maior peso e significado político imediato. Não é de hoje que se reivindica a devida e justa escritura da contribuição do negro em diversos setores e áreas da atividade humana, para além daquilo que foi pré-fixado pela oficialidade discursiva. Como sabemos, há um bloco compacto e homogêneo de representações recobrindo a trajetória do negro no Brasil e no mundo. Como o arco das representações tornou-se sobremaneira limitado e repetitivo (habitualmente, a mulher negra é lembrada e "honrada" pelos mesmos "atributos"), a contrapelo, escavamos, como que arqueólogos, nomes que foram soterrados pela memória histórica. O pesquisador, imbuído do compromisso de estender os extremos desse arco, penetra numa densa e inexplorada floresta onde poucos pisaram, por má-fé ou cegueira.[2]

---

1. São diversas as iniciativas voltadas para o registro e a exposição da história do negro sob o prisma da atuação militante e intelectual. Nesse território, destacam-se mais recentemente: RATTS, Alex. *Eu sou Atlântica: sobre a trajetória de Beatriz Nascimento*; CARRANÇA, Flávio. *Hamilton Cardoso (militante)*; e as publicações desta coleção.
2. Do próprio gênero biográfico podemos extrair um exemplo cabal: entre 1995 e 1997, o número de biografias à venda no Brasil praticamente dobrou. O pico foi em 1996: 285 títulos. Embora se desconheça com precisão quantas obras são dedicadas a personalidades negras, pode-se afirmar que estas representam percentual irrisório. A música e o esporte conferiram notoriedade a alguns(mas) dentre nós, que em épocas anteriores teriam permanecido anônimos(as).

A metáfora não soa apenas como recurso retórico: é necessário, sim, ímpeto de desbravador, já que a quase totalidade da história oficial preferiu calar a voz de *pessoas negras notáveis* e relegá-la a uma posição marginal. Muitos ativistas e intelectuais, irrecusavelmente brilhantes, não foram incluídos devidamente no rol das notoriedades do seu campo de atuação. Em geral, seus nomes são inteiramente desconhecidos e dificilmente alcançáveis. Nas searas difíceis de esquadrinhar, construímos nossa história.

Urge, assim, transpor o déficit documental que timbra a história do negro e das mulheres negras. Por que Abdias Nascimento não goza do mesmo estatuto dos seus contemporâneos brasileiros? Por que alguns setores da ortodoxia literária relutam em considerar Maria Carolina de Jesus uma escritora? Por que se deu, durante anos a fio, ao romance *A moreninha*, de Joaquim Manoel de Macedo, o crédito de ter sido o primeiro romance brasileiro, quando na verdade o nosso primeiro romance, *Úrsula*, foi escrito com a pena de uma mulher negra, Maria Firmina dos Reis[3], em 1859?

O esforço de quem se aventura em trazer à superfície nomes, vozes e experiências do mundo negro é redobrado: sistematizar experiências, pôr em destaque estilos de vida, exige um duplo movimento que compreende, antes de tudo, entrar na disputa discursiva para mostrar que esses nomes mere-

---

3. Maria Firmina dos Reis (1825-1921), maranhense, foi nomeada, em 1847, para o ensino oficial por concurso. Seu romance, *Úrsula,* foi publicado, em 1859, sob o pseudônimo de "Uma maranhense". No livro, a autora já denunciava a escravidão, mostrando a contradição entre a fé cristã da sociedade e a crueldade do regime escravagista.

cem lugar especial no panteão das personalidades históricas. Portanto, não se trata apenas de dizer que tais e tais nomes foram esquecidos, injustiçados, mas de anunciar a sua existência, chamar a pessoa pelo nome, narrar o aparecimento. A chave explicativa desse apagamento é sintetizada pelo filósofo e comunicólogo Muniz Sodré, para quem a lógica racista do apagamento opera circularmente nas seguintes categorias: a *negação,* o *recalcamento,* a *estigmatização* e a *indiferença.*

No que concerne às mulheres negras, sabemos que essas quatro categorias marcaram os modos de *relatar* e *silenciar.* Sua história é recoberta por oceanos de silencioso esquecimento:

> Assim, longe de ser fruto do acaso, a constituição do arquivo, da mesma forma que a constituição ainda mais sutil da Memória, é o resultado de uma sedimentação seletiva produzida pelas relações de força e pelos sistemas de valor. É o olhar que faz a História. No coração de qualquer relato histórico há a vontade de saber. No que se refere às mulheres, esta vontade foi por muito tempo inexistente. (Perrot, 2001, p. 14)

Se não houve *vontade de saber* em torno da história da mulher, quadrupliquemos essa "indisposição" no que toca à constituição da memória das mulheres negras para tentarmos avaliar o perímetro dos vazios e das lacunas. Ao executar tal tarefa, veremos que o estrago no campo das representações é incalculável.

Como bem disse Lélia Gonzalez (1983, p. 225), "na medida em que nós, negros, estamos na lata de lixo da sociedade brasileira, pois assim o determina a lógica da dominação, assumimos nossa própria fala. Ou seja, o lixo vai falar, e numa boa".

Na trilha de Lélia, podemos afirmar que o empreendimento coletivo na busca de reconhecimento tem como nexo prioritário tirar das sobras, das brechas, das franjas em torno dos "discursos legítimos" o pensamento da mulher negra e colocá-lo no centro do debate. Se acatarmos minimamente a máxima das ciências da linguagem de que o ser advém pela fala, os silêncios em torno da mulher negra traduzem a sub-humanidade a que foi reduzida.

Diante dessas questões, são várias as tarefas que os movimentos de mulheres negras têm de cumprir. Wânia Sant'Anna (2004, p. 7) consegue resumi-las em três questões nucleares:

- A importância de escrevermos as nossas histórias de vida – e, por isso [...], mencionar as obras das escritoras negras e recordar momentos de organização política das mulheres negras brasileiras.
- Analisar quanto as mulheres negras, apontando as suas dificuldades de sobrevivência – social, econômica, política e cultural –, têm sido capazes de explorar problemas estruturais da sociedade brasileira – e, para tanto, apresentar os indicadores sociais e econômicos que comprovam as diferenças de padrão de vida e oportunidades entre mulheres negras e brancas.
- Discorrer sobre por que, para as mulheres negras, segue sendo importante estabelecer distinções entre os seus interesses e suas necessidades frente às necessidades e os interes-

ses das mulheres brasileiras – aqui tomadas sem distinções como as de classe social, local de nascimento, idade, ocupação profissional, estado conjugal, entre outras.

Jurema Werneck (2000, p. 9), na introdução de *O livro da saúde das mulheres negras: nossos passos vêm de longe*, imprime urgência a uma das tarefas apontadas por Wânia Sant'Anna: "Estamos neste país desde o século XVI. Já é hora de dar visibilidade à nossa voz. A nossos feitos. Nossos pensamentos, nossas histórias, trazem a marca do passado". A reivindicação de Jurema exige que se recupere para a mulher negra o discurso e a escrita.

A história das mulheres negras está "fora da palavra", ao modo da composição musical de Milton Nascimento e Caetano Veloso, epígrafe deste livro.

É preciso, pois, explorar e divulgar a condição negra, adentrá-la na casa da palavra, tirá-la das margens. Se o discurso represa o caos, também estabelece margens entre os ditos e os não ditos, entre lacunas e excessos. Silêncio e palavra, opacidade e transparência são faces da mesma moeda. Um terceiro lugar, lugar dos interditos – daquilo que corre entre os ditos –, sempre se institui. "A terceira margem do rio", de João Guimarães Rosa, nos remete ao não falar, ao indizível. O que está à margem é aquilo que ainda não foi escrito/inscrito no discurso – o fora da palavra, o não simbolizado.

Eis que um nome ergue-se à nossa frente, com elevado status militante e intelectual, uma bela figura humana, elevando-se acima do comum, mudando, em grande parte, o horizonte sonoro da nossa geração, escrevendo história, construindo outra memória para as mulheres negras, tirando-as das margens, postulando, sempre, um lugar ao centro: Aparecida Sueli Carneiro. Ao se tornar o que é, empresta seu nome a todas as mulheres negras. Faz-se necessário, por isso, dar ouvidos à voz de Sueli Carneiro, uma das mais importantes ativistas do movimento de mulheres negras da contemporaneidade.

Adentrando caminhos abertos por suas antecessoras, vem desbravando sendas novas, às vezes estranhas ao território habitual da luta antirracista e sexista. Preenche, com maestria, as tarefas arroladas acima por Wânia Sant'Anna: reconfigura o debate sobre a tal inferioridade das mulheres negras na sociedade brasileira, divulga suas ideias por meio de densos artigos, textos e conferências notáveis e transita pelos núcleos duros do poder com a incumbência de denunciar o racismo e machismo e, com ímpeto proativo, de promover mudanças, difundindo o papel e a força de ativistas negras(os) para a mudança sociorracial brasileira:

> [...] dessa margem da margem partem vozes insólitas capazes de perturbar a toada e o coro monótonos ouvidos à passagem dos autores mais acomodáticos e mais digeríveis. Se estes são inevitáveis e dão o tom geral da era, de algumas vozes dissonantes, minoritárias, há de provir, subitamente, uma luminosidade inadvertida que desbanalize o som, varra o marasmo e sacuda o tediário cotidiano. (Campos, 1989, p. 32)

Sueli é essa voz insólita. O trânsito pelos domínios de raça e de gênero resulta da capacidade de compreender a inevitabilidade de uma síntese que estará na base da identidade e do lugar social da mulher negra. É visível que, no curso de sua ação, desde o início de seu engajamento orgânico, na aurora da década de 1980, o movimento negro e de mulheres negras ganhou força e ampliou limites. Desde os primeiros escritos de uma das fundadoras de Geledés, sua dicção foi modulada pela necessidade de apontar o racismo e o sexismo na sociedade brasileira como eixos centrais de discriminação e exclusão.

SOBRE OS BASTIDORES DA ESCRITA

Mesmo considerando que *vida* e *obra* não se confundem, este livro recupera experiências pessoais como eixo importante de vivências políticas. Parte do entendimento de que é possível estabelecer correspondências entre a vida pessoal e a trajetória pública que se examina, sem cair em especulações psicologizantes. Tema que ocupa até hoje a análise literária, o biografismo é alvo de críticas e reservas por ser, muitas vezes, simplista e redutor, por enxergar uma relação mecânica entre a projeção individual e os contextos políticos mais amplos. Apesar dessas ponderações, com as quais concordamos em grande parte, a vida pessoal de Sueli Carneiro, apreendida em dado contexto, figura aqui como um tópico fundamental.

Cada um escolhe o sentido que dá ao contexto de sua existência. A pergunta a ser feita seria, então, como Sueli inventou-se a partir do seu entorno, ou seja, como construiu sua trajetória de vida com base em aprendizados que a vida lhe ofereceu.

Tentar responder a essa pergunta nos mantém no lastro da experiência pessoal. As situações da infância e da adolescência vividas num ambiente familiar, por exemplo, em que sua mãe vivia como dona de casa porque o pai não permitia que a mulher trabalhasse, seriam convertidas em poderosa lição para se contrapor à subalternidade das mulheres, fazendo disso uma bandeira coletiva. Dessa vivência familiar Sueli reunirá elementos para uma formação absolutamente feminista. Angela e Onik'a Gilliam (1995, p. 525) nos prestam serviço: "Alguns exemplos de escritura mais provocadores emergem nos momentos críticos em que a posição de subjetividade do autor fortalece a autoridade analítica".

Sueli exibe traços de genialidade em seus gestos e ações: o sentido e a consequência emprestados por ela a seus atos reconstroem a identidade das mulheres negras. Se cada um que nasce inaugura consigo a humanidade inteira, essa ativista nos credenciou a sair da margem. O status de Sueli Carneiro na história das mulheres negras está relacionado com a evidência de que, quando deixa seu nome marcado em algum empreendimento, valida, conjuntamente, todos os nomes das mulheres negras.

O que aqui consta dependeu muito de uma relação dialogada; por isso, creio ter traçado mais um perfil do que uma biografia propriamente dita. Como disse Carlos Fuentes em *A morte de Artêmio Cruz* (1961), nunca há tempo para a última palavra, porque a palavra não basta, não cessa. O humano nunca se completa, jamais atinge a palavra plena, porque a ele não é possibilitado preencher o espaço vazio entre as palavras: "Nós somos a letra da palavra que nunca se completa". Na tentativa de laçar o tempo, afagar o eterno, como declama Conceição Evaristo, no poema da epígrafe, sempre algo escapa e resta, inexoravelmente, um infinitamente acumulado.

No nosso caso, esse sentimento de incompletude é insanável. Sueli Carneiro não está longinquamente distante da memória coletiva de todos nós. Ao contrário, ela (felizmente!) desfila no nosso meio. Altiva, com garbo, atravessa, ao mesmo tempo que compõe, a paisagem a ser olhada. Com vigor e fé na vida, está compondo a sua história, no auge de sua maturidade política, no bairro paulistano do Butantã.

Na impossibilidade de dizer tudo, procuramos, ao modo de fotógrafas, captar momentos significativos, aqueles da hora do clique da câmera, em que se procura o essencial. Esses momentos estão divididos em duas partes. A primeira perscruta as experiências privadas de Sueli Carneiro, investiga sua trajetória familiar, flagra o aprendizado da atuação militante, destaca o seu papel de herdeira. A segunda destina-se a acompanhar sua trajetória política e pública, a sua entrada efetiva no mundo da militância negra feminista, os seus feitos e conquistas, o seu percurso intelectual e acadêmico.

A matéria-prima deste livro são, basicamente, as entrevistas realizadas na casa de Sueli em momentos distintos (as primeiras entrevistas, desgastadas pela ação do tempo, foram prestadas em 2002; as demais, no início de 2009). Sempre disponível, essa filha de Ogum abriu-me as portas da sua casa e lá conversamos horas a fio. Ela desfilou sua trajetória, descreveu episódios significativos, puxando acontecimentos pela memória, no bom estilo dos narradores africanos. Da sua fala, extraem-se as lições de uma vida criadora e, por isso, pouco comum. Das proporções diminutas das suas experiências, refunda-se um universal.

Nessa reconstituição da memória, nesse exercício da fala e da escuta, prestamos nossa homenagem a Sueli Carneiro, com o alto risco de não lhe fazer jus. Assim procedendo, realizamos outra intenção, a de devolver a ela seu próprio receituário para uma justa deferência. Agucemos a audição e ouçamo-la:

> Então eu acho que nós temos, os mais velhos, esse desafio de tentar organizar minimamente as ideias, ainda que precariamente, de oferecer para as próximas gerações o acúmulo dessa construção coletiva que nós chamamos de movimento negro, o acúmulo das nossas práticas educacionais, pedagógicas, na confrontação do racismo na nossa sociedade. Eu estou preocupada, de maneira geral, com a preservação desse patrimônio. Nutro o sonho de termos institutos de formação política, de resgate de autores, pensadores, líderes políticos que foram importantes na formação da nossa consciência negra, e que não estão disponíveis. (março de 2009)

Definitivamente, Sueli Carneiro sai da *ocorrência* e ganha *permanência*.

PARTE I

A PREDIÇÃO DA GUERREIRA

1.
A vocação de herdeira

Eu sempre fui uma menina muito viril. Sempre fui uma menina peralta, valente e briguenta. Tinha, para os padrões convencionais, um comportamento de menino. Desde cedo eu incorporei muito rapidamente a condição de irmã mais velha e de ser, portanto, a primeira depois dos meus pais. Tive a responsabilidade de defender meus irmãos, de cuidar deles. Se um irmão chegasse em casa chorando porque alguém tinha batido, não tinha dúvidas: ia lá, vingava e batia. Era esse o perfil da menina que eu era: pouco afeita a brincar de boneca, a desempenhar funções designadas para "garotas" e a me comportar como elas. Recentemente, aliás, quando estávamos em reunião familiar, a minha mãe declarou pela primeira vez que ela e meu pai sempre temeram a possibilidade de eu ser lésbica. Eu fiquei impressionada. Porque eu nunca imaginei que eles pudessem ter esse tipo de preocupação; nunca imaginei que meu jeito de ser pudesse dar margem a esse tipo de interpretação. Eu não tenho ambiguidade em termos de orientação sexual. Em suma, fui uma menina muito próxima do estereótipo do garoto de rua, do garoto briguento. Mas todo esse comportamento foi, em grande parte, insuflado pela minha mãe.

O testemunho que abre este capítulo parece soar como um vaticínio do que seria futuramente uma das ativistas negras mais aguerridas da contemporaneidade. Menina altiva, briguenta, autônoma. Temores dos pais à parte, a descrição parece ter se cumprido cabalmente. A trajetória de Sueli é marcada pelo embate, pelo confronto. A metade do século XX nos brinda com o surgimento de uma guerreira, um soldado de Ogum.

Aparecida Sueli Carneiro nasceu em 24 de junho de 1950, dia de São João, na cidade de São Paulo, no bairro da Lapa, mais precisamente na Vila Bonilha, na aurora do inverno. Como de praxe nas famílias do Brasil profundo, foi cogitada a possibilidade de se chamar Joana em homenagem ao santo do dia, mas o pai, que tinha prevalência sobre a escolha do segundo nome, optou por Sueli, já que o primeiro, Aparecida, foi dado pela mãe em devoção a Nossa Senhora Aparecida.

Entre as conotações de sentido do nome Sueli, constam: ousadia, espírito competitivo, independência, força de vontade, originalidade. Uma das vocações acentuadas de quem o carrega é ser prestativo para com os desafortunados. Sueli, nos informam os dicionários de nomes, provém do germânico e corresponde a brilho, luz.

O tributo a Nossa Senhora Aparecida feito pela mãe não cessa com o nascimento da primogênita; permanece com a assustadora ameaça de sua perda. Sueli nos conta a história:

> Eu fui uma criança muito doente e cheguei a ser desenganada pelos médicos antes de completar 2 anos de idade. Um médico me entregou para minha mãe enroladinha em um cobertor e falou assim: "Olha, não há mais nada que eu possa fazer pela sua filha, a senhora vem aqui que a gente dá um atestado de óbito e tudo mais". Segundo minha mãe, eu tive um processo galopante de enfraquecimento. Obviamente, a minha mãe se recusou a aceitar aquele diagnóstico. Como ela era uma pessoa muito católica, foi filha de Maria, recorreu às rezas. No auge do desespero ela entrou numa farmácia espírita, que tinha um farmacêutico famoso por ser um homem espírita. Ela foi até à farmácia desesperada e apresentou a situação para o farmacêutico. O homem disse a ela: "Vou começar a tratar, se ela passar dessa noite, eu curo". Aí fez todo o tratamento, completamente alternativo, espiritual, sei lá. Durante o tratamento do farmacêutico, ela também se apegou a Nossa Senhora Aparecida e fez a seguinte promessa: se eu sobrevivesse, todas as filhas que ela tivesse se chamariam "Aparecida". Isso resultou em quatro Aparecidas na família. Além de mim, Aparecida Solange, Aparecida Solimar e Aparecida Suelaine. Esse é um dos micos que venho pagando pela minha vida inteira.

Época efervescente a do nascimento e da infância de nossa biografada. O Brasil convivia com a volta de Getulio Vargas ao poder. Com a ascensão do movimento de massa, o populismo ficava mais vigoroso, o projeto de modernização, em marcha, tornava-se irreversível; desmoronava-se cada vez mais a imagem agrícola e rural do país e delineavam-se os traços mais precisos de uma fisionomia industrial e urbana. O mundo se surpreendia com a recusa determinante de Rosa Parks[4] de sentar-se nos lugares reservados para negros; já provocava fortes ruídos o altissonante movimento feminista americano. Entre a euforia das mudanças e a aposta na reconfiguração de outro país, sofríamos um duro golpe: o Brasil perdia a Copa do Mundo de 1950. Mas nem tudo estava perdido: preparavam-se os acordes para a bossa-nova, gênero musical de que Sueli tanto gosta. A televisão, um dos símbolos da opulência da indústria cultural na época, se instala nos lares brasileiros para nunca mais sair.

Os tempos correm, as coisas acontecem, o mundo muda, salvo o racismo, o Brasil avança mais e mais pelos trilhos da industrialização enquanto Sueli Carneiro começa a edificar sua biografia, tecendo os fios de sua trajetória no *templo dos seus familiares*[5], na Vila Bonilha.

Filha de seu José Horácio Carneiro e de dona Eva Alves Carneiro, é a mais velha de uma família de seis irmãos (Solange, Geraldo, Solimar, Suelaine, Gerson e Anselmo):

---

4. Rosa Louise McCauley, mais conhecida por Rosa Parks (1913-2005), costureira negra norte-americana, símbolo do Movimento dos Direitos Civis. Ficou famosa, em 1º de dezembro de 1955, por ter se recusado frontalmente a ceder o seu lugar no ônibus a um branco.
5. Evoco aqui o título do romance de Alice Walker, *No templo dos meus familiares*. Rio de Janeiro: Rocco, 2000.

> A minha diferença de idade em relação aos meus irmãos é muito grande. A minha primeira irmã é quatro anos mais nova que eu. No caso do meu último irmão, a diferença é de dezoito anos. Agora que estamos todos mais ou menos envelhecendo a diferença diminuiu muito. Os quatro da frente têm todos mais de 50 anos, nós convivemos como se todos tivéssemos praticamente a mesma idade. Por um longo período, a distância era muito grande. Quando eu tinha 18 anos, a minha próxima irmã tinha 14.

Como vimos, durante os quatro primeiros anos de vida Sueli Carneiro gozou do privilégio de ser exclusiva, o que fomenta em seus irmãos a certeza de que carrega, até hoje, algumas veleidades de filha única. Risonha, ela corrobora a imagem projetada no seio familiar: "Por ser primogênita e por ter ficado quatro anos sem irmãos, tive muitas mordomias. Pra começar, mamei quatro anos, mamei muito, e todo mundo insiste que eu era a queridinha da mamãe e do papai".

Oriunda de uma família operária, o pai ferroviário e a mãe costureira, Sueli cresceu num ambiente familiar cimentado por princípios comunitários e gregários, contribuição central da lavra do pai. Seu Horácio desempenhava, com desenvoltura, o papel de provedor. Ele exerceu essa função não apenas com sua família estrita, mas com todos os seus – irmãos e pais –, retirando-os do trabalho rural. No auge do fluxo migratório interno, ele trouxe seus irmãos de Ubá, cidadezinha mineira, e os alojou em sua própria casa até que arrumassem lugar para ficar e conseguissem emprego; deu estrutura para a reconstrução da nova vida que se projetava. Embora fosse um trabalhador com posses muito modestas, o pai de Sueli não abdicou, em nenhum momento, da função de proteger sua família biológica, como filho mais velho que era. Esse traço essencial timbra, como ferro em brasa, a personalidade da filha mais velha:

> Eu sou profundamente marcada pelo meu pai, por essa característica gregária que ele legou a nós todos e a mim em particular, esse sentido comunitário, esse sentido de responsabilidade em relação aos seus, ao seu clã. Tal característica determina como lido com a questão familiar, tentando preservar exatamente esse patrimônio que foi construído pelo meu pai.

A mãe, dona Eva, até casar trabalhava como costureira. Exímia funcionária, chegou a ser promovida a gerente de loja e, pela função que exercia, ganhava mais que o marido. Mas seu Horácio não assinava armistício no cumprimento do clássico papel de provedor e exigiu, resoluto, que dona Eva parasse de trabalhar. Sócio fiel do clube "mulher minha não trabalha", debelou a carreira profissional da esposa. Realçando esse episódio, Sueli dá a deixa de como as experiências familiares vão nortear sua prática política: "Essa história de que mulher minha não trabalha já antecipa algumas escolhas que eu viria a fazer no futuro".

A irredutibilidade do pai quanto ao papel da mulher não foi acompanhada da manutenção da situação econômica da família. Algumas facilidades materiais experimentadas pela filha mais velha no alvorecer de sua infância foram dando lugar a privações, sem, no entanto, ferir o princípio de dignidade que regia o cotidiano familiar:

> À medida que a família foi aumentando e aquele relativo conforto que os ferroviários tinham como trabalhadores, no começo dos anos 1950, foi diminuindo, a gente passou a experimentar visível processo de empobrecimento, e aí as coisas foram ficando mais difíceis: os filhos foram nascendo, os padrões de ganho do meu pai foram se congelando. Parte da infância foi pobre com dignidade, mas com um grande grau de restrições.

Desempenhando com muita convicção o papel patriarcal, seu Horácio alimentava a ideia da subalternidade natural das mulheres. Eis o grande ponto de tensão entre Sueli e o pai. À medida que ia crescendo, essa questão ia se tornando mais aguda, porque o progenitor tinha expectativas em relação às filhas mulheres a que a menina não pretendia, nem remotamente, corresponder.

Instala-se, assim, uma relação complexa, ambivalente, que passaria a ser a marca registrada de seu vínculo com o pai:

> Sob muitos aspectos, meu pai é meu príncipe encantado e, ao mesmo tempo, ele provocava em mim um sentimento de muita reação e muita revolta pela forma como ele compreendia o lugar e o papel da mulher na vida familiar e social. Ele ambicionava que eu fosse uma menina que estudasse, mas, pudesse eu fazer o que fizesse, o que contava era o homem que estivesse ao meu lado.

Indisfarçavelmente apaixonada pelo pai, não deixava, no entanto, de contestá-lo. Como boa herdeira que é, Sueli vai receber das relações de gênero estabelecidas no ambiente familiar a segunda grande marca imprimida pelo pai, só que desta feita pelo avesso (a primeira herança, lembremos, é a noção positiva de comunidade). As heranças familiares não se restringem aos bens materiais, valem ainda mais no plano simbólico, nas práticas de dom e contradom, sobretudo quando as personagens envolvidas provêm de famílias negras. Em *Ponciá Vicêncio* (Evaristo, 2003), por exemplo, personagem de romance do mesmo nome, o enredo da história desdobra-se em torno de uma suposta herança que a neta receberia do avô. Toda a trama gravita ao redor dessa expectativa: inicialmente, cogita-se representar a herança a semelhança física que a neta tinha com o avô, mas, posteriormente, descobre-se que o tal espólio, na verdade, tem que ver com a construção e preservação da memória, num contínuo em que "a vida era a mistura de todos e de tudo. Dos que foram, dos que estavam sendo e dos que viriam a ser" (p. 42).

Conservar, manter, rejeitar, aquiescer, alterar, ressignificar são papéis que cabem à legatária. Se, como advertem Roudinesco e Derrida (2002, p. 32), a "melhor maneira de ser fiel a uma herança é ser-lhe infiel, isto é, não acatá-la ao pé da letra, como uma totalidade, mas antes surpreender suas falhas, captar seu momento dogmático", Sueli é uma autêntica legatária, pois soube selecionar e escolher: não aceitou o enredo passivamente, tampouco fez tábula rasa dos ensinamentos do pai, integrando à vida familiar os que foram, os que estão sendo e os que virão a ser, como em *Ponciá Vicêncio*.

O PAPEL DA MÃE

Eu deixei o leito às 3 horas da manhã porque quando a gente perde o sono começa pensar nas misérias que nos rodeia [...] Deixei o leito para escrever. Enquanto escrevo vou pensando que resido num castelo cor de ouro que reluz na luz do sol. Que as janelas são de prata e as luzes de brilhantes. Que a minha vista circula no jardim e eu contemplo as flores de todas as qualidades. [...] É preciso criar este ambiente de fantasia, para esquecer que estou na favela. Fiz o café e fui carregar água. Olhei o céu, a estrela Dalva já estava no céu. Como é horrível pisar na lama. As horas que sou feliz é quando estou residindo nos castelos imaginários.
(Jesus, 2001, p. 144)

Ao subverter as determinações do pai no que tange ao papel da mulher, Sueli encontrou na mãe amparo para a insubordinação. À medida que os anos iam passando e as condições socioeconômicas da família piorando, dona Eva se dava conta de que cometera um grave erro ao aceder às exigências do marido para sair do emprego.

Desafortunadamente, o profundo abatimento de dona Eva por ter abandonado uma profissão em que fora bem-sucedida, por ter se rendido ao desejo do marido e permanecido em casa tornava-se cada vez mais evidente: com o passar do tempo, lembrava que estaria mais próxima de uma aposentadoria polpuda. Acrescente-se que às vésperas do casamento o patrão tentou negociar com seu Horácio um horário que fosse confortável para ela e para a família, suscetível de acomodar a jornada de trabalho com a demanda familiar, o que indica a funcionária preciosa que fora. Mas esses detalhes não importavam para seu Horácio. As frustrações que foram se acumulando e seu nível de dependência em relação ao marido fizeram que a mãe de Sueli dispensasse atenção especial à educação das filhas.

Assim como Carolina de Jesus, que sonhava com um lar digno, dona Eva passou a sonhar com um destino diferente para suas meninas. Dando-se por vencida pelas injunções do cônjuge, transferiu os seus desejos e aspirações para as filhas. Vivendo um presente asfixiado pelo papel de dona de casa, imaginava um futuro de vida diferente para sua prole feminina, almejava que se tornassem mulheres independentes, livres do jugo do marido, queria que fossem donas de "seu próprio nariz", estimaria que tivessem uma profissão e pudessem gerenciar seu próprio dinheiro. Sonhos e projeções foram dirigidos para as filhas.

Diuturnamente, repetia, ao modo de um mantra, à ala feminina da casa: "Estudem e vão trabalhar fora; não sejam bobas como eu, não fiquem dentro de casa, não dependam de um homem para comprar um esmalte, uma calcinha", relata Sueli. Dona Eva falava essas coisas com conhecimento de causa: fora uma mulher extremamente vaidosa. Fruto do seu trabalho, tinha, quando solteira, sapatos de veludo Luís XV, bolsas e casacos elegantes. Guarda-roupa de cinema! Sueli lembra, com memória fotográfica, que aos 6 anos brincava com os restos do enxoval montado pela mãe antes de se casar. As perdas consecutivas – de autonomia, de dinheiro – e o alto grau de dependência em relação ao marido fizeram de dona Eva uma militante caseira da causa feminista.

Se, por um lado, a vida do lar confinou as mulheres, por outro, incluiu a possibilidade da desforra. Com dona Eva não foi diferente. No cotidiano doméstico, insinuam-se modos de prevenir as filhas contra as arestas do trabalho doméstico. A ex-costureira ensina-lhes as primeiras letras; deliberadamente, as meninas não foram doutrinadas para o "ofício feminino". Prova de que a estratégia da mãe logrou o resultado esperado é o fato de Sueli julgar-se uma péssima dona de casa. A reclusão doméstica a que foi impelida pelo marido impulsionou a mãe de Sueli a exercer um contrapoder eficaz. Sob as asas da mãe, vicejou um espírito insurgente. As injunções do marido projetaram uma sombra propícia à recusa e à desobediência. E foi nessa sombra que Sueli se abrigou para construir outro horizonte em benefício das mulheres negras.

Mas, se o aprendizado das prendas domésticas não fora prestigiado como *vocação* no clã dos Carneiro, restava como *necessidade*. Por se tratar de uma família pobre, as filhas não tinham como escapar do monótono trabalho de casa. Em sua adolescência, Sueli assume a responsabilidade de ser a "lavadeira oficial" da família. Invariavelmente, todos os dias, o ritual se repetia: Sueli levantava cedo e lavava a roupa da família (nove pessoas). Depois da árdua labuta estava liberada para o encontro com o mundo encantado das letras; descompromissadamente, enterrava-se nos livros até a hora do jantar. Eis um breviário da sua adolescência: sem dinheiro para atividades de lazer fora de casa, aos filhos e filhas restava dedicar-se aos estudos, ler o que lhes caía nas mãos e desempenhar as funções domésticas que competiam a cada uma. "A minha adolescência foi muito isso: lavando roupa, estudando e lendo na minha hora vaga depois da minha jornada de trabalho."

Na adolescência, com as mudanças habituais de personalidade, arrefece o ímpeto da menina briguenta, delineando-se com mais precisão uma personalidade introvertida, tímida, mas nem por isso menos combativa. Sueli passou a ter amigos do bairro com os quais se reunia para trocar livros e discutir o mistério da existência, a origem dos tempos, os segredos do universo. Com eles, estabeleceu uma camaradagem fecunda, uma cumplicidade feliz, cimentando vínculos duradouros. Ir a bailes? Sair à noite, se divertir? Decididamente não eram esses seus programas favoritos. O mar, só foi conhecer aos 19 anos. Seus irmãos, ao contrário, eram assíduos frequentadores de bailes, sempre esbanjando alegria e energia com a expectativa da próxima festa. Amistosamente, rememora as peripécias das irmãs nas festas, o show à parte que davam, a competência notória para a dança. Solange e Solimar foram exímias dançarinas, a primeira chegou a receber a alcunha de musa dos salões. Ao contrário das duas, os compassos corporais da dança não foram o forte de Sueli. Seus irmãos faziam troça do seu comportamento introspectivo e caseiro durante a adolescência; até então, o bairro era o seu limite, onde repartia livros com uma "turma esquisita". Era a chata, a careta, a metida a papo-cabeça.

Os sonhos de juventude estavam irremediavelmente ligados à formação escolar. A principal meta a ser perseguida era a conclusão dos estudos, desejo sempre cultivado pelos pais, que desempenharam papel fundamental na formação dos filhos e foram valorosos no sentido de impulsioná-la e a todos os seus irmãos para que tivessem uma profissão digna. Ambos os progenitores sabiam da importância da educação: a mãe cursara o ensino fundamental (antigo primeiro grau), fora alfabetizada, algo simplesmente excepcional para os padrões das famílias negras da época. Por conta da formação de dona Eva, Sueli entrou na escola alfabetizada, já sabia ler e escrever aos 6 anos de idade. O pai não tinha escolaridade; semianalfabeto, só assinava o nome, mas não deixou de ser um incansável incentivador dos filhos nesse quesito. Era cônscio do seu dever para com a família: alimentar e educar, condições que nunca faltaram. Sueli e seus irmãos estudaram em escola pública, o que também não era comum para os padrões da época. Crianças negras e pobres eram mantidas fora da escola. A irmã caçula, Suelaine Carneiro, foi a única que estudou em escola particular. A educação constituía um valor tão imprescindível que o pai, no leito de morte, fez que a mãe prometesse que a filha mais nova teria sua educação assegurada, não importa o que acontecesse.

A formação que os pais franquearam a Sueli e a seus irmãos não se restringiu à educação escolar formal. Um tema presente na educação familiar diz respeito à consciência racial: dona Eva e seu Horácio sempre insistiam em lembrar que por serem negros seriam discriminados, e inevitavelmente teriam de reagir diante de qualquer agravo. Sueli credita sua agressividade infantil aos ensinamentos dos pais, principalmente da mãe: "Minha mãe dizia o seguinte: 'Se alguém te chamar de negrinha, manda levantar a saia da mãe para ver onde está a negrinha'". A frase, digamos desconcertante, deveria ser proferida a quem quer que fosse. Como era uma filha obediente, assim o fez: certo dia um padre a chamou de negrinha e ouviu a expressão nada cerimoniosa.

Apanhar na rua? Nem pensar. Caso chegassem em casa chorando por conta de briga, apanhariam novamente.

Saber reagir (e se defender) constituiu um imperativo constante no conjunto de recomendações de pais cientes dos efeitos deletérios da discriminação racista nas crianças negras. Reagir sempre, esse era o lema: "Então, cada um reagia como podia. Eu batia".

UM IDEAL DE FAMÍLIA NEGRA

Todos esses valores e princípios levaram Sueli a defender a família negra e a preservar seus hábitos tradicionais. Segundo ela, um desafio histórico para a população negra reside na constituição e manutenção das famílias:

> Por isso ele [o desafio] é tão presente, porque também a possibilidade de realizar isso é muito pequena, dadas as condições originárias. O desejo de uma família organizada está em nosso imaginário com a força do que foi o nosso processo de desagregação familiar, motivada pela escravidão, pela exclusão, pela posição inconclusa dos homens no pós-abolição. Se a gente considerar que os homens negros só bem tardiamente vão encontrar formas de sobrevivência e reprodução que lhes permitam exercer o papel de provedores, nesse hiato, que vai do pós-abolição até, digamos, a década de 1930, quando se começa a ter uma entrada mais regular no mercado formal de trabalho, temos

três ou quatro décadas em que é muito o trabalho informal das mulheres negras, trabalho esse que vai estar na base de organização familiar, inclusive dos próprios homens.

"São célebres as matriarcas negras que cumpriram esse papel na nossa história", destaca Sueli. Com a "vó" e a mãe essa realidade foi bem ilustrada":

> Minha mãe perdeu o pai com 5 anos de idade. Meu avô materno era um tipógrafo exímio, muito bem-sucedido. Tinha uma família extensa de cinco filhos, moravam em uma casa aprazível em Campinas, e a minha mãe e a irmã dela frequentavam escolas particulares. Era um padrão de vida altíssimo para uma família negra daquela época. Meu avô morreu repentinamente, minha avó ficou sozinha com cinco filhos, analfabeta, sem condições de proteger o patrimônio do marido. Sem um leque de opções com o qual se abanar, vendeu tudo que tinha e veio tentar a vida com os filhos em São Paulo. Foi trabalhar de quituteira e, assim, tentou levar os filhos. Conseguiu, apesar de todas as dificuldades, colocar minha mãe na escola, mas morreu quando minha mãe tinha em torno de 15 anos. A vida de minha mãe foi marcada por sucessivas perdas, por cortes de possibilidades, pela morte do pai e da mãe precocemente, pela perda do emprego estável, depois de casada. Tem algo difícil, um atavismo que ela tentou evitar para as filhas. Tem todo esse resgate, sempre um desafio histórico e um desejo profundo de realizar. Talvez por isso a família urbana seja uma construção difícil, sempre penosa.

Mudam as personagens, mas o roteiro permanece o mesmo. A história de dona Eva coincide com a de tantas outras de mulheres e homens negros, dilacerados pela insolvência familiar.[6]

GUARDIÃ DOS MAIS NOVOS

Consciente de seu papel na família, Sueli exerce a função padrão de filha mais velha. Até que todos ganhassem autonomia, passando a caminhar com as próprias pernas, devotou-se a cuidar, assumir as responsabilidades delegadas a ela, procurou ser modelar, sobretudo na disciplina com os estudos, protegeu os irmãos. Ela ocupou esse lugar com gosto, tentando corresponder ao que dela se esperava: "Eu gosto do personagem e acho que faz muito mal a um filho mais velho não ser capaz de responder à expectativa". Considera que foi uma filha rebelde do ponto de vista das ideias, mas muito disciplinada do ponto de vista das expectativas parentais. Para alguém que zela pela própria liberdade e autonomia, mais dia, menos dia, o momento de posicionamento mais radical é inevitável. Fatalmente, "os filhos devem passar pelo típico momento de confrontar os pais, têm de afirmar sua personalidade, sua autonomia, sua liberdade, e eu vivi isso fortemen-

---

6. Novamente, lembramos aqui de *Ponciá Vicêncio*, cuja saga se cruza com a de dona Eva. Saindo do ambiente rural, tentando escapar da miséria, destino inalienável das famílias negras da roça, adota como novo endereço a cidade, onde cumpre a função pré-fixada para a sua condição vulnerável de mulher negra: empregada doméstica. Na cidade grande, ela afunda-se num mar de lembranças, vazios e devaneios. *Ponciá Vicêncio* é um epítome da diáspora.

te, mas sem romper com parâmetros que eram essenciais à família", ela garante.

Mas o que esperar de uma filha padrão mais velha? Que preço obrigatoriamente se paga ao se afirmar a liberdade, a autonomia? Como romper o cordão umbilical sem decretar a morte dos pais?

Sem sombra de dúvidas, o casamento foi um momento de afirmação de liberdade para Sueli, não apenas porque estaria livre do jugo dos pais, mas sobretudo porque ousou desafiar padrões estabelecidos, quebrar um tabu inominável.

O CASAMENTO COMO INSURREIÇÃO

No auge de sua juventude, com 20 anos completos, Sueli começava, de maneira incipiente, a viver experiências que ultrapassavam os perímetros de sua casa. Em uma festa muito animada, na casa de seu melhor amigo na época, Paulo Silas, conheceu seu ex-marido, Maurice Jacoel.

Naquela noite, lembra Sueli, dançaram, ela e Maurice, uma vez, duas vezes, três vezes. Na terceira, ele cravou a proposta: "Eu quero te namorar", ao que ela retrucou sem hesitação: "Não namoro brancos". Negativa que não arrefeceu o ímpeto do rapaz. Insistentemente, ele devolveu: "Não vou mais sair do seu pé". Promessa cumprida.

Sueli e Maurice começaram a namorar, mas todo o lirismo e encantamento que acometem os casais em início de idílio foram abalados pela repercussão negativa que o relacionamento causou na família. Sueli, por sua vez, carregou uma culpa desmesurada pela escolha, que representava um tabu na família. Não havia possibilidade alguma, para o pai José Horácio, de as filhas namorarem ou se casarem com um homem branco.

Ainda na fase do flerte, Sueli e Maurice encontraram-se, e ele, cumprindo seu papel de cavalheiro, foi deixá-la em casa. Da janela de casa, dona Eva avistou o rapaz que acompanhava sua filha: era um homem branco. Com a descoberta repentina veio o drama. Assim que ultrapassou o umbral de sua residência, o mundo caiu aos pés da jovem: "Minha mãe literalmente teve um chilique, desmaiou. Ela entrou em pânico porque isso era inadmissível na família e, além do mais, se meu pai soubesse disso a culpa seria dela, da minha mãe, porque não teria me educado direito".

Inapelavelmente, dona Eva teve de dar a infausta notícia a seu Horácio. Desnecessário dizer que a casa caiu pela segunda vez. Do pai, Sueli recebeu uma repreensão trovejante por tamanha picardia. Aos progenitores aliaram-se, em coro, os irmãos; toda a orquestração familiar obedeceu a uma única batuta: sendo referência, modelo, Sueli não poderia quebrar os padrões familiares – sem contar que tinha posto em risco a saúde da própria mãe.

Essa furiosa decepção coletiva despertou em Sueli reação à altura. Como sempre, boa de reagir, não fugiu à luta. Mesmo com um namoro incipiente àquela altura, sem expectativas firmadas em torno do relacionamento, ela não sucumbiu à pressão familiar. Embora se sentisse culpada por ter causado tamanho desapontamento entre os seus, por julgar que havia traído valores (o que para uma típica canceriana, afirma ela, provoca profundo mal-estar), percebeu que estavam em jogo sua própria liberdade e autonomia, valores inegociáveis em qualquer circunstância. As cobranças dos pais e dos irmãos tinham extrapolado as fronteiras do permitido, visto que eles não tinham direito de ir tão longe: "Se eu tivesse permitido que eles avançassem sobre quem escolher para casar, eu dançaria ali. Perderia toda a minha autonomia". Contrapôs o desapontamento familiar à sua trajetória e chegou à seguinte conclusão: mesmo reagindo a algumas normas estabelecidas, tinha sido boa filha, tinha cumprido com as determinações impostas. Feitas as contas, sentenciou: "Vou continuar namorando ele pra ninguém decidir com quem eu vou casar".

O namoro foi amadurecendo e se aprofundando, Maurice e Sueli descobriram-se apaixonados, até que se casaram em 1973. O casal realizou muitos projetos juntos: ambos ingressaram em 1971 na Faculdade de Filosofia da Universidade de São Paulo, aproximaram-se do candomblé, enfim, cultivaram a cumplicidade como pilar do relacionamento. O namorado foi fervoroso incentivador de sua entrada na universidade. Outro universo até então distante se descortinava para ela, que passou a adentrar círculos culturais que não frequentara até então, a participar de fóruns de discussão mais amplos, a ter acesso a diversos bens culturais.

Do relacionamento nasceu, em 11 de maio de 1980, a sua filha única, Luanda, uma prenda, um presente dos céus:

> A minha mãe dizia que eu não estava sendo mãe, que eu estava sendo avó, que eu já estava muito velha para os padrões dela, eu tinha 30 anos. O nascimento de Luanda é muito importante para mim. Eu sempre me lembro de um

verso da música de Djavan, que diz: "minha princesa, *art noveau* da natureza..." É isso que ela simboliza na minha vida, um momento de plenitude, de beleza, de encantamento, foi um presente dos deuses.

Envolvidos, nos idos de 1980, com a atuação antirracista e anticolonialista no Brasil e no mundo, Sueli e Maurice atribuem à filha o nome Luanda para prestar homenagem à história das lutas africanas. O tributo está vinculado à influência dos movimentos de libertação das nações africanas sobre a geração de militantes da qual a jovem mãe fez parte, como veremos adiante:

> Eu faço parte daquela corrente que marcou os filhos com essa história, fazendo referência, prestando tributo a esse momento da nossa história negro-africana, na qual a libertação de Angola é um episódio de grande simbolismo e que eu e meu marido, na época, assinalamos, homenageando a nossa filha com esse nome, do qual hoje ela é muito orgulhosa, embora quando criança ela perguntasse: "Ah, por que eu não me chamo Maria, Ana?" Mas agora ela tem muito orgulho pelo simbolismo que o nome dela carrega.

Além dos poetas de língua francesa, que continuaram a ser lidos e discutidos, e da luta contra o apartheid, regime de segregação racial que vigorou na África do Sul entre 1948 e 1994, outro assunto mobilizava as atenções: nada mais, nada menos do que a independência dos países africanos de colonização portuguesa – Guiné-Bissau, Angola, Moçambique, Cabo Verde e São Tomé e Príncipe –, ocorrida entre 1974 e 1975. É recorrente, por exemplo, a menção aos poemas de Agostinho Neto, fundador do Movimento Popular de Libertação de Angola e primeiro presidente do país, em 1975.

Sueli e Maurice separaram-se em 1982, mas mantêm até hoje a mesma relação de carinho, solidariedade e cumplicidade. Maurice permanece como um dos afetos e das amizades mais importantes da vida da nossa guerreira.

DA PERIFERIA AO CENTRO: ROTAS E TRAJETOS

Referências de lugares permitem que o mapa da vida se descortine aos olhos dos transeuntes. Mais do que um cenário, revela-se como uma projeção das contradições sociais; mais do que referências geográficas puras e simples, constituem representações culturais de espaços em aceleradas mudanças, marcados por embates e disputas, tanto na arena discursiva quanto na prática.

Habituada a viver na periferia, o centro da cidade de São Paulo passou a fazer parte do cotidiano de Sueli a partir de 1971, ano em que prestou concurso público e ingressou na Secretaria da Fazenda. É um momento de novas descobertas para ela, quando o centro ganha sentido especial. A percepção da imensidão da cidade é acompanhada da percepção da magnitude da questão racial e de gênero, debatida sob vários prismas num ambiente político fecundo. O mundo deixa de ser estritamente a Vila Bonilha: "Quando se vive na periferia, não se tem dinheiro para tomar ônibus. A primeira vez que fui ao cinema, eu nem sabia como é que a gente se comportava, aí eu botei aquela roupa de missa e paguei o maior mico. Vive-se muito segregado no bairro".

Nesse momento, as referências geográficas significam mais do que um ponto no mapa; a cidade irrompe em sua vida como senha de um projeto cuja materialização pressuponha a articulação de outros significados, de renovados contatos, de outras heranças. Flanando pela cidade, Sueli Carneiro percorrerá novos trajetos, transitará por espaços pulsantes, descobrirá trilhas a serem desbravadas.

Começam a ter ressonância, para ela, os ruídos do movimento social, do movimento feminista, da luta antirracista. É quando se dá conta de que as dores, as adversidades, os problemas partilhados no círculo familiar tinham dimensão social mais ampla. Todas as discussões travadas com seus familiares em torno das questões de raça e de gênero tinham uma feição política e encontravam-se incrustadas nas lutas coletivas. Suas interrogações sobre a condição da mulher e do negro foram amplificadas para as estruturas sociais.

Os novos aprendizados encontram na universidade lugar fecundo. Com vocação para promover o debate de ideias, o ambiente acadêmico é um espaço vital para a crítica, para o contínuo questionamento, para a expressão dos antagonismos intelectuais e ideológicos, para a promoção do debate público. Cursando Filosofia, Sueli integra-se a essa ambientação cultural. As descobertas a impulsionam a aprofundar questionamentos e a redobrar suas inquietações. Torna-se frequentadora assídua de fóruns de discussão, de reuniões, de assembleias; encanta-se com a inteligência, a proficiência, a coragem e a reflexão bem articulada das lideranças negras daquela época. Sente-se visceralmente provocada com as interpelações surgidas nos debates. "Foi uma virada completa", sentencia ela.

A década de 1970, por força do regime militar, é considerada a década de chumbo, mas também uma fase decisiva na transição para uma nova forma de sistema político, condicionado por significativas alterações no conjunto da sociedade civil. Entre as rupturas que marcam as transições, uma das mais impressionantes é, certamente, a emergência dos movimentos sociais no final do período.

INFLUÊNCIAS E HERANÇAS POLÍTICAS: NOVOS INTERLOCUTORES EM CENA

É nessa atmosfera política que o movimento negro redefine e renova sua agenda. No bojo das reivindicações sociais, especifica sua luta, demarca sua atuação e propõe uma ação democrática que contemple o problema do racismo como estruturante das desigualdades no país. Inegavelmente, um estágio fecundo do movimento negro encontra aí o seu lugar, e é dele que Sueli extrai a seiva que vai lhe fornecer subsídios para sua vigorosa atuação na década posterior.

A emergência de um sujeito coletivo (os movimentos negros)[7] como ato de afirmação de setores sociais até então excluídos do cenário oficial foi apanágio da atuação de novos

---

7. "Movimento negro" designa genericamente o conjunto dos diversos movimentos sociais orientados pela perspectiva de raça/etnia. Ganha nova configuração a partir da década de 1970, com a emergência dos movimentos sociais.

personagens que alteravam os roteiros preestabelecidos, burlavam os códigos do movimento operário movido pela ideia de igualdade humana universal. Nessa nova fase, o movimento extravasa o contexto da discussão de classes e, exprimindo uma disposição coletiva de autoafirmação identitária, abre um novo espaço para a expressão dos negros e das mulheres negras. A saga dos movimentos negros pôs, entre 1970 e 1980, novos personagens na cena histórica brasileira, criando condições para a configuração que assumiria na atualidade.

Nesse contexto, pulula um variegado de organizações, com estratégias e linhas de atuação diversa. No meio delas, o Centro de Cultura e Arte Negra (Cecan) faz história na cidade de São Paulo. Sueli Carneiro conta que o seu processo iniciático se dá com o Cecan, na pessoa de Isidoro Teles de Souza e Maria Lúcia da Silva, na época lideranças do Centro. Pela importância que adquiriu na vida de Sueli, a história do Cecan merece uma atenção mais detida.

O Centro de Cultura e Arte Negra moldou-se como um espaço que aglutinou discussão política e produção cultural. Constituiu-se como um catalisador das demandas da juventude negra, abrigando uma infinidade de ações nas fronteiras da questão racial. O jornalista Flávio Carrança (2008, p. 32) é quem melhor descreve o alcance político do Centro:

> Um dos principais palcos desse debate foi o novo Cecan – Centro de Cultura e Arte Negra. A entidade, que tinha sido desativada por Tereza Santos quando de sua ida para Angola, foi reativada em 1976. No grupo de pessoas que promoveu essa reorganização estavam Odacir de Mattos,

Rafael Pinto, Milton Barbosa, Isidoro Teles de Souza, Maria Inês Barbosa e Maria Lúcia da Silva. Não por acaso, Lúcia observa que, no momento dessa reativação, o movimento negro tinha uma perspectiva e um perfil mais cultural, de recuperar a identidade, com grande influência dos movimentos de libertação da África e também pela luta pelos direitos civis nos Estados Unidos. "O Cecan – diz Lúcia – se configurou em um polo do movimento negro em São Paulo, onde circulavam as notícias do que estava acontecendo. Eram grupos que desenvolviam atividades culturais por um lado e por outro discutiam a questão racial, procuravam pensar estratégias para poder ampliar o debate na sociedade brasileira."

O Cecan é fruto de um momento em que novas linguagens e códigos se manifestavam, em que se professavam novos valores. A estética, nesse período, veio a representar um eixo de contestação política, que contou com a adoção do penteado afro, a produção de audiovisuais, jornais e panfletos, a difusão de informações em feiras e locais públicos, a montagem de peças de teatro e a organização de grupos de dança e de blocos afros. Na eclosão de várias manifestações, a vida cultural em São Paulo é sacudida por uma série de atividades ligadas ao movimento negro, cuja finalidade era aglutinar pessoas e mobilizar as discussões em torno do racismo brasileiro. A esse respeito, prossegue Flávio Carrança (2008, p. 32):

> As atividades culturais tiveram um papel muito importante no processo de organização do negro brasileiro em

diversos âmbitos. Teatro, literatura, dança, música e cinema foram expressões artístico-culturais que contribuíram significativamente para a reconstrução da identidade desse segmento, tornando-se ponto de partida para a atuação política. Como consequência disso, em alguns momentos da década de 1970, os militantes que participam do movimento negro vão se dividir entre os que defendem a importância das atividades culturais como eixo organizativo prioritário e aqueles que propõem uma atuação de caráter mais explicitamente político.

Nesse clima de efervescência, forma-se a jovem Sueli Carneiro. O espanto maravilhado com essa febre criativa é reforçado com a atuação prolífica de quatro negros, que receberam dela o epíteto de "Os quatro cavaleiros do Apocalipse". São eles: Hamilton Cardoso, Milton Barbosa, Rafael Pinto e Vanderlei José Maria. Rememorando essa época de interlocução com "os quatro cavaleiros", ela desenha, em largos traços, o perfil de cada um. A beleza de sua descrição é envolta de profundo zelo, carinho e respeito.

Para Sueli, Hamilton Cardoso foi um dos oradores mais brilhantes do movimento negro, uma das inteligências mais acesas que teve o privilégio de conhecer: "Só quem compreende bem o que o racismo é capaz de fazer sobre nós, sobretudo sobre mentes brilhantes, pode entender o que aconteceu com ele. [Hamilton se suicidou em 1999.] É uma tarefa importantíssima resgatar o pensamento de Hamilton Cardoso". Milton Barbosa ela conheceu quando era expressiva referência do Movimento Negro Unificado (MNU): "Foi um dos líderes mais corajosos que tive a oportunidade de conhecer. Quem o conheceu nessa época sabe a força e a convicção que emanavam dele, além de ter sido um homem excepcionalmente bonito. Ele era o primeiro ou o único homem negro na faculdade de Economia da USP".

Vanderlei José Maria, diz ela, era a grande promessa de filósofo negro, alguém que estava construindo uma carreira acadêmica irrepreensível, um talento filosófico inatacável, uma competência intelectual ímpar, com um nível de exigência altíssimo. Infelizmente, morreu sem deixar o material que havia começado a esboçar completamente sistematizado. Rafael Pinto foi o mais próximo de todos eles, sendo durante alguns anos o iniciador de Sueli no sentido estrito: "Ele me ofereceu jornadas e jornadas de discussão e diálogo, na verdade foi uma pessoa que teve muita importância na minha formação. A vida foi nos separando, mas eu guardo com muito carinho a paciência que ele teve para me cooptar para o movimento negro. Foi isso que ele fez, um processo de cooptação para o movimento negro. Essas pessoas foram chave na minha iniciação":

> Na verdade eles racharam a minha cabeça quando, na primeira assembleia da USP, que foi paradigmática [ainda tem registros do acontecimento na USP], a universidade abriu uma jornada sobre o negro. Os quatro cavaleiros estavam presentes e cada um estraçalhou para um lado, eles racharam minha cabeça. Eu enlouqueci. A consciência política de tudo que a minha família me deu estava expressa naquilo que esses caras são, que eles propõem, me abrindo caminhos.

Fiel a seus formadores, reverente até, Sueli não aceita passiva e acriticamente o que lhe é ensinado: "É claro que, rebelde como sempre fui, eu me deixei cooptar até um certo pedaço".

Iniciada e inspirada pela energia militante de alguns personagens do movimento negro paulistano na década de 1970, o desejo de atuar politicamente redobra de força sob o impacto do encontro com Lélia Gonzalez – nossa ativista-mor situada no intercruzamento da questão do negro e da mulher e lucidamente vinculada ao projeto de emancipação do país. No dia em que conheceu Lélia Gonzalez, Sueli descobriu o que queria "ser quando crescesse".

A GRANDE SÍNTESE: A IRRUPÇÃO DE LÉLIA GONZALEZ[8]

Foi então que uns brancos muito legais convidaram a gente pra uma festa deles, dizendo que era pra gente também. Negócio de livro sobre a gente. A gente foi muito bem recebido e tratado com toda consideração. Chamaram até pra sentar à mesa onde eles estavam sentados, fazendo discurso bonito, dizendo que a gente era oprimido, discriminado, explorado. Eram todos gente fina, educada, viajada por esse mundo de Deus. Sabiam das coisas. E a gente foi se

---

8. Lélia de Almeida Gonzalez nasceu em 1º de fevereiro de 1935, em Belo Horizonte, Minas Gerais. Condensa um perfil eclético: foi professora, tradutora, conferencista, consultora, assessora, conselheira, suplente de deputada e ativista. Graduou-se em História e Geografia (1957/1958) e em Filosofia (1961/1962) na Faculdade de Filosofia, Ciências e Letras da Universidade Estadual da Guanabara/UEG, atual Uerj.

sentar lá na mesa. Só que tava cheia de gente que não deu pra gente sentar junto com eles. Mas a gente se arrumou muito bem, procurando umas cadeiras e sentando bem atrás deles. [...] E era discurso e mais discurso, tudo com muito aplauso.

Foi aí que a neguinha que tava sentada com a gente deu uma de atrevida. Tinham chamado ela pra responder uma pergunta. Ela se levantou, foi lá na mesa pra falar no microfone e começou a reclamar por causa de certas coisas que tavam acontecendo na festa. Tava armada a quizumba. A negrada parecia que tava esperando por isso pra bagunçar tudo. E era um tal de falar alto, gritar, vaiar, que nem dava mais pra ouvir discurso nenhum. Tá na cara que os brancos ficaram brancos de raiva, e com razão. Tinham chamado a gente pra festa de um livro que falava da gente e a gente se comportava daquele jeito, catimbando a discurseira deles. Onde já se viu? [...] Foi aí que um branco enfezado partiu pra cima de um crioulo que tinha pegado no microfone pra falar contra os brancos. E a festa acabou em briga...

Agora, aqui pra nós, quem teve culpa? Aquela neguinha atrevida, ora. Se não tivesse dado com a língua nos dentes... Agora tá queimada entre os brancos. Malham ela até hoje. Também quem mandou não saber se comportar? Não é à toa que eles vivem dizendo que "preto, quando não caga na entrada, caga na saída".

(Gonzalez, 1983, p. 34)

Esse fragmento, uma espécie de "Lélia por ela mesma", nos dá a justa medida da estatura de uma das referências mais importantes do movimento negro e de mulheres negras. A sua presença magnífica, a gesticulação garrida, a fala caudalosa, a inquestionável inteligência explicam a repercussão sísmica que ela teve na vida de Sueli Carneiro. Com densidade necessária para propor as mudanças esperadas na sociedade brasileira, o espraiamento das posições de Lélia extravasa o domínio das relações raciais e de gênero.

Portadora de exemplar compromisso ético e político para com seu povo, autora de um conjunto de reflexões fundamentado em uma diversificada e consistente plataforma teórica (psicanálise, lógica, linguagem, filosofia e ciência política são algumas das disciplinas com as quais dialoga com assustadora desenvoltura), Lélia Gonzalez puxou as pontas ocultas do racismo e do sexismo e edificou, assim, um campo de atuação em que é possível especificar essas abordagens, sem segregá-las.

Dos inesgotáveis debates dos quais Sueli foi expectadora na década de 1970, um deles é considerado um divisor de águas: o que promoveu seu encontro com Lélia Gonzalez. Em evento realizado pelo movimento feminista na Biblioteca Municipal Mario de Andrade, Sueli assiste, arrebatada, à exibição de uma das performances políticas mais eloquentes da época. Fundamentadas e firmes nos propósitos, as palavras de Lélia tiveram, em Sueli, um efeito absolutamente mágico, avassalador:

> Quando ela começou a falar pareceu que ela lia a minha cabeça, o meu sentimento e a minha emoção, como se ela organizasse sentimentos, emoções, percepções, ao mesmo tempo. À medida que ela falava, eu me per-

guntava: como ela pode saber disso? Como ela pode dar sentido a tudo isso? Então, conhecer a Lélia Gonzalez foi um momento de revelação para mim. Até então eu já estava caminhando dentro dos espaços de mulheres e de negros, já estava com certo grau de engajamento, mas ela organizou o que faltava, ela organizou um sentido de uma experiência única de ser mulher, ela decodificou a especificidade dessa identidade e como isso era um eixo político próprio, único, que não podia ser dissolvido, fosse na questão racial conduzida pelos homens, naquele momento, fosse na questão de gênero, do ponto de vista da mulher, conduzida pelas mulheres brancas. Então é Lélia que cria para mim essa identidade, essa terceira figura política, essa terceira identidade que compartilha das outras duas, mas que tem um horizonte próprio de luta. Com Lélia, me defini politicamente para militar na questão da mulher negra.

A admiração que Sueli nutre até hoje por Lélia vale como pequena amostra no oceano de reverências que couberam a ela. Não são raros os militantes dessa geração que relatam o arrebatamento provocado pela *grande referência do movimento negro*. Ao que tudo indica, Lélia é a *mulher dos fundamentos* da atuação negra feminista brasileira, pois alçou esse feminismo à área autônoma de investigação e atuação, suscitando novas dimensões para suplantar o racismo e o sexismo. O que faz dela a *mulher dos fundamentos* não foi ter construído uma teoria completa, ou ter esgotado os limites da atuação militante, mas a busca de domínio próprio que não deita raízes apenas no movimento negro, tampouco é absorvido completamente pela perspectiva feminista. É a demarcação de um terceiro lugar, de uma identidade, como adequadamente disse Sueli, que se forma em conexão com esses dois territórios, em absoluta autonomia.

Podemos dizer, sem exagero, que não existe uma só feminista negra que não lhe deva algo, um só militante que não tenha recebido o influxo, direto ou indireto, de suas ideias, uma só reflexão do campo da luta antirracista e antissexista que não mencione o seu nome:

> [...] Não havia ninguém com aquela capacidade de pulverizar os argumentos racistas, de defender a legitimidade do movimento negro quando os seus autointitulados progressistas nos acusavam de divisionistas da luta popular. Naquela época, a maioria dos militantes do MNU ainda não fazia uma elaboração mais aprofundada sobre a situação da mulher negra. Lélia era nossa porta-voz contra o sexismo que ameaçava subordinar a participação de mulheres no interior do MNU e o racismo que impedia nossa plena inserção no movimento de mulheres. (Bairros, 2000, p. 44)

As principais balizas da atuação de Lélia Gonzalez são sintetizadas por Luiza Bairros: criou e ampliou as proposições do movimento negro contemporâneo; foi catalisadora dos anseios de uma juventude negra; engendrou uma alternativa negra capaz de pensar a sociedade brasileira; dinamizou o pensar e o fazer cultural do negro como eixo indissociável da luta política *stricto sensu*[9]; formulou categorias teórico-reflexivas para análise da situação do negro e da mulher negra, realçando, entre elas, a de *amefricanidade*[10].

A trajetória de Lélia deixa o rastro indubitável de uma rica prática militante, porque, como dissemos, reinstaurou novos domínios para a superação da exclusão do negro brasileiro, fez respirar o oxigênio de uma destinação inalienável, que consiste no empenho ético de levar, cada vez mais adiante, a luta antirracista e antissexista, fecundando o projeto de emancipação e desenvolvimento do país. Qualidades cuja riqueza empurra, cada vez mais, Sueli Carneiro para o centro da reflexão e atuação políticas.

O encontro fulgurante entre Sueli e Lélia é mais um desses momentos significativos que merecem o clique da fotografia. É o ápice deslumbrante de uma busca, a descoberta de *como se pôr no mundo*. Nasce um desafio que Sueli enfrentará sem trégua pela vida política afora.

---

9. Lélia fez parte do Grêmio Recreativo de Arte Negra e Escola de Samba Quilombos e pesquisou sobre festas populares; integrou os setores de esquerda (com organicidade no Partido dos Trabalhadores, depois migrou para o Partido Democrático dos Trabalhadores, pelo qual se elegeu deputada estadual); adentrou os círculos acadêmicos (foi chefe do Departamento de Sociologia e Política da Pontifícia Universidade Católica do Rio de Janeiro).

10. Considerada um "processo histórico de intensa dinâmica cultural (resistência, acomodação, reinterpretação, criação de novas formas) referenciada em modelos africanos e que remete à construção de uma identidade étnica. [O valor metodológico desta categoria] está no fato de resgatar uma unidade específica, historicamente forjada no interior de diferentes sociedades que se formaram numa determinada parte do mundo. Uma unidade que, sem apagar as matrizes africanas, resgata a experiência fora da África como central" (Bairros, 2000, p. 43).

Sueli carrega consigo a marca inconfundível da legatária. Habitada por um conjunto de vozes, estabelecendo intenso diálogo com seus interlocutores, juntou pedrinhas na estrada para, alquimicamente, constituir sua própria fórmula. Na sua brilhante capacidade de reinventar antecedências e consagrar a novidade que ela própria engendra, expressam-se traços de genialidade. A exemplo de um organismo vivo, a prática militante de Sueli Carneiro encaminha-se inevitavelmente para o inédito, com raízes em experiências precedentes.

ANTES DE TUDO, A BUSCA DE (RE)AFIRMAÇÃO IDENTITÁRIA

Se, por um lado, o ingresso na universidade, a ampliação dos espaços formativos e culturais e a descoberta de lideranças do movimento negro forneceram a Sueli um arcabouço poderoso para seu alinhamento ideológico, para que ela desenhasse novos trajetos no mapa de sua vida, por outro, todas essas incitações intelectuais provocaram inquietações quanto ao significado da vida, revelando vazios existenciais. Nessa busca *de como se pôr no mundo*, a religião foi uma experiência fundamental para que ela se reencontrasse com suas raízes identitárias:

> Eu tinha a sensação de que eu estava me distanciando de alguma coisa muito fundamental da minha identidade. Eu estava casada com um homem branco, num universo social branco, estava numa universidade como a USP, no curso de Filosofia que dispensa apresentação, e comecei a ter um choque, uma sensação de estar perdendo raízes.

O candomblé foi uma porta para que eu retomasse coisas essenciais pra mim.

Foi, curiosamente, pela intermediação do marido branco que Sueli se aproximou do candomblé; seus pais eram católicos e as religiões de matriz africana não gozavam de estatuto legítimo na família. Coubera à mãe, dona Eva, "filha de Maria", conduzir Sueli ao universo do catolicismo: quando criança, Sueli chegou a ser cruzadinha[11] e fez primeira comunhão.

Maurice era fotógrafo que pesquisava as diversas formas e expressões de religiosidade e, com esse objetivo, costumava frequentar alguns terreiros de candomblé. Junto com o marido, Sueli começou a incursionar no candomblé, motivada, inicialmente, pelo interesse em pesquisa antropológica. À medida que se enredava no espaço religioso, percebia que a atração pelos terreiros tinha outro significado, o problema a resolver era de outra ordem. Abandonou, em definitivo, o prisma de linha de pesquisa e logo deu início ao seu processo iniciático, por volta de 1975, selando o seu destino religioso. Sueli é filha de Ogum[12], *ekede* de Iansã.

---

11. Espécie de irmandade da Igreja Católica que, entre outras atividades, coletava esmolas para os pobres.
12. Ogum, em ioruba *Ògún*, é, na mitologia ioruba, o orixá ferreiro, senhor dos metais. O próprio Ogum forjava suas ferramentas, tanto para a caça como para a agricultura e para a guerra. Ogum é considerado o primeiro dos orixás a descer do *Orun* (o céu) para o *Aiye* (a Terra), após a criação, visando a uma futura vida humana. Em comemoração a tal acontecimento, um de seus vários nomes é *Oriki* ou *Osin Imole*, que significa o "primeiro orixá a vir para a Terra".

PARTE II

NA FRENTE DE BATALHA

2.
Novas fronteiras de atuação

*Todas as mulheres são brancas, todos os negros são homens,
mas algumas de nós temos coragem.*
Smith (*apud* Smith, Hull e Scott, 1986, p. 47)

Tempo de plantar e tempo de colher. Como vimos, a década de 1970 foi o período em que Sueli Carneiro construiu os parâmetros para sua atuação política, em que edificou, por meio de sua aproximação com o movimento negro e de mulheres negras, os pilares para sua formação militante – etapa em que se abre para ela a síntese prioritária de uma pauta política desafiadora ao extremo: a da mulher negra. Na de 1980, inesgotavelmente, ampliam-se os terrenos para semear novas perspectivas; nessa etapa, Sueli se inscreverá de forma orgânica na luta contra os dois vetores de exploração e discriminação (racismo e sexismo), eixos extremos de diferenciação negativa.

Sem engessar a profícua trajetória de Sueli Carneiro, podemos, esquematicamente, dizer que ela promoveu três grandes viradas no campo das políticas de gênero: a) *mudanças de perspectivas no Conselho Estadual da Condição Feminina de São Paulo*; b) *centralidade da questão feminina negra no Conselho Nacional dos Direitos da Mulher*; e c) *fundação de Geledés – Instituto da Mulher Negra*. Concomitantemente, trabalhou com intensidade febril em muitas frentes para realocar, em justiça e dignidade, negros e negras nos lugares que lhes cabem.

◆ ◆ ◆

As avaliações de economistas e gestores sociais sobre a interpretação histórica do período divergem. Para os primeiros, os anos 1980 foram a década perdida; para os segundos, é a etapa fulgurante de conquistas históricas, ocasião em que se testemunharão a vertiginosa proliferação dos movimentos sociais, a eclosão de pautas específicas, a reivindicação pela cidadania ampliada e a exigência da democracia como linha mestra da estabilidade política.[13]

Nos anos marcados por intensa participação popular, as grandes manifestações de massa eram recorrentes. Praças, ruas e avenidas, não raro, foram tomadas por mobilizações maciças. A demanda reprimida da fala, do exercício democrático, extravasava nos espaços públicos. Greves pululavam país afora, com expressiva repercussão para as dos metalúrgicos do

---

13. O atentado do Riocentro (1981) e a morte de Tancredo Neves (1985) são considerados acontecimentos importantes, que provocariam mudanças radicais nos rumos políticos do país. No mundo, a eleição de Ronald Reagan, nos Estados Unidos, e de Margaret Thatcher, no Reino Unido, marcaria toda a década e traçaria os rumos da política neoliberal.

ABC paulista. O movimento das Diretas-já figura como um dos principais acontecimentos que refletiram o espírito da época.

Na *era do direito a ter direitos*, outra perspectiva passa a permear o campo da cidadania. Os movimentos sociais dos anos 1980 representam um vetor protagonista no processo de expansão significativa da noção de direitos, mostrando, de certa forma, que a concepção clássica de direito universal se revelava insuficiente para contemplar as reivindicações emergentes. Os chamados direitos particularizados serviram de farol para o novo desenho federativo. Direito à moradia, direito ao trabalho, direito à saúde e direito à creche ressoaram na sociedade como urgências políticas incontornáveis. Três princípios orientavam esse momento: 1) os novos direitos eram, prioritariamente, direitos coletivos; 2) a reivindicação de direitos constituía-se como instrumento da organização das camadas populares e de grupos minoritários; e 3) o Poder Executivo era a instituição fundamental no processo de expansão e aplicação dos direitos.

E foi o movimento feminista que entronizou esse novo ideário, com significativos acertos e vigor eficaz, propugnando a adoção das suas demandas por parte do Estado. Encampou uma pauta reivindicatória particularizada, relativa à identidade da mulher, à diferença de gênero, com seu específico rol de exigências.

São criados, por força desse novo paradigma, organismos governamentais destinados a formular e executar políticas concernentes às demandas da mulher. A criação do Conselho Estadual da Condição Feminina, em São Paulo, no governo Franco Montoro, em 1983, está no bojo dessas readequações.

Se, por um lado, a criação desse Conselho representou uma vitória histórica para a luta feminista no estado, por outro, mostrou, com a total ausência de mulheres negras no corpo das conselheiras, de qual janela esse organismo nascente via o mundo feminino.

A omissão de um órgão governamental ao excluir outros sujeitos políticos que, mesmo abrigados sob o rótulo de mulher, tinham demandas específicas não contempladas apenas pela perspectiva de gênero fez que um grupo de mulheres negras mudasse definitivamente o viés político do Conselho. A divulgação pública desse "esquecimento" se deu graças à exitosa atuação de Marta Arruda, radialista negra que apresentava, na época, um programa de expressiva audiência. Inconformada com a desconsideração política, ela fez do seu programa um canal de denúncia.

O brado de Marta Arruda traduz o sentido da frase de Bárbara Smith, epígrafe deste capítulo, sobre o apagamento das mulheres negras no leque reivindicatório contemporâneo. Claramente, a especificidade da situação das mulheres negras tinha sido diluída por força de uma abstração, a da mulher universal, solapando as variáveis de raça e classe. Acossadas por esse sentimento, as mulheres negras reclamariam seu lugar. Para Angela Davis, "é importante para os feminismos desvencilharem-se da noção de que há uma qualidade universal que podemos chamar de mulher" (Davis e Dent, 2003, p. 527).

Congruente com a afirmação de Angela Davis, Marta Arruda exortou as mulheres negras militantes a se posicionarem diante de um fato inadmissível. A reação em favor das mulheres negras tornou-se necessidade irredutível: "Isso fez que várias ativistas aqui de São Paulo – eu, Dulce Pereira, Tereza Santos, Vera Sampaio, enfim, o conjunto de mulheres negras – tomássemos partido da situação, criando, com isso, o Coletivo Estadual de Mulheres Negras", lembra Sueli. O Coletivo tinha a missão de constituir uma instância política de mulheres negras, com a tarefa de questionar um órgão recém-criado, o Conselho Estadual da Condição Feminina, nascido em princípio para traçar políticas públicas para as mulheres. Não era por acaso que o recorte racial deixara de integrar os horizontes do Conselho.

Essa foi a primeira ação política coletiva da qual Sueli participou. Uma vez que guardou fielmente os ensinamentos de Lélia Gonzalez, não tinha dúvidas quanto ao rumo de sua ação política: recortou seu espaço de atuação – circunscrito às políticas voltadas para as mulheres negras – e integrou-se à ação militante, que já a esperava com a agenda repleta de desafios. Aprofundou suas reflexões, participando, sempre e com maior intensidade, dos fóruns feministas e das discussões no âmbito do movimento negro quanto ao papel e à situação da mulher negra na sociedade. Doravante, o movimento de mulheres negras tornou-se espaço de vibrante engajamento.

As cobranças em torno da posição do Conselho Estadual da Condição Feminina se estenderam para além da denúncia, ganharam maturidade, resultando na inclusão, quase um ano após a sua criação, de duas mulheres negras no referido Conselho: Tereza Santos e Vera Lúcia Freitas Saraiva, respectivamente titular e suplente. Conferia-se aí a primeira vitória do Coletivo de Mulheres Negras. A Tereza Santos e Vera Lúcia cabia o papel de inserir, nesse espaço governamental, as demandas específicas das mulheres negras.

Segundo Sueli, a primeira avaliação desse processo é que a firme intervenção do Coletivo das Mulheres Negras provocara o inevitável desgaste do Conselho da Condição Feminina (que se viu obrigado a equacionar, ainda em sua etapa de implantação, problema de tamanha envergadura), mas também exigiu do Coletivo fôlego resistente na ambição política. O Coletivo teve de aumentar seu poder de mobilização, uma vez que se constituiu, paulatinamente, na organização capaz de subsidiar o mandato das conselheiras negras e, projeto ainda mais ousado, elaborar proposições sobre as demandas da mulher negra no âmbito do Estado.

As tarefas cada vez mais extensas do Coletivo exigiram das mulheres negras esforço grandioso, criando um clima de mobilização intensa, de monitoramento permanente das ações do Conselho Estadual, de participação em outras instâncias da sociedade civil e dos poderes constituídos, requerendo continuamente centralidade para as questões específicas das mulheres negras. Na *década da mulher*, esse grupo descortina, aos olhos dos poderes constituídos, a vulnerabilidade da mulher negra. Sueli Carneiro e Tereza Santos (1985, p. 28) elaboram publicação com esse intento:

> [...] análise de alguns indicadores socioeconômicos, para oferecer às mulheres, em geral, um perfil semelhante quanto à desigualdade sofrida socialmente, visto que são evidentes as vantagens significativas percebidas especialmente pelas mulheres brancas quanto ao acesso à educação, à estrutura ocupacional e à obtenção de renda. Supõe-se, a partir daí, que elas tenham sido as principais

beneficiárias da diversificação de posições ocupacionais ocorrida no país nas duas últimas décadas pelo incremento da divisão técnica do trabalho e o consequente expressivo aumento da população economicamente ativa feminina no período, em especial na década de 1970.

A falta de outras instituições com proposta semelhante de atuação acarretou mudanças no escopo político do Coletivo de Mulheres Negras, alterando a sua configuração inicial. A penetração progressiva do Coletivo nas raias institucionais fez que fosse absorvido, perdesse a autonomia característica de movimento e, involuntariamente, se anexasse à instância governamental. Segundo Sueli,

> [...] nos quatro anos e meio seguintes, a gente passou por um processo de institucionalização do próprio Coletivo no âmbito do Conselho, na medida em que fomos ocupando espaços nas diferentes comissões que trabalhavam o tema da mulher, saúde, educação, mercado de trabalho, violência, ou seja, as mulheres negras criaram inclusive uma comissão específica de assuntos da mulher negra, além de transversalizar o tema dentro das diferentes áreas de atuação.

Na gestão subsequente do Conselho da Condição Feminina, Sueli ocupou, de 1984 a 1987, alguns cargos: eleita conselheira, tornou-se posteriormente secretária-geral do Conselho. Entre as diversas realizações de sua lavra, destacam-se a produção do Calendário das Mulheres Negras, de 1987, uma homenagem às nossas personalidades, apagadas pela borracha da história, e a publicação de um dossiê sobre as mulheres negras.

ALÇANDO OUTROS VOOS

As conquistas do Coletivo de Mulheres Negras do Estado de São Paulo, fruto de árduo trabalho de intervenção, alcançaram outras esferas políticas, constituindo experiências modelares. Creditava-se ao Coletivo o feito de ter alterado perspectivas em voga no que concernia às políticas de gênero, reacomodando a questão em torno do viés racial. Esse organismo tornava-se, assim, referência importante para a institucionalização do problema da mulher negra no âmbito do Estado.

A indicação de Sueli Carneiro, no final de 1987, para coordenar as atividades relativas ao Centenário da Abolição do Conselho Nacional da Mulher Negra, órgão do Ministério da Justiça, é caudatária da trajetória bem-sucedida do Coletivo. A sua função era acrescentar a temática das mulheres negras ao rol das atividades previstas para o evento. A realização do "Tribunal Winnie Mandela" atendeu a esse objetivo: "No Conselho, fiz toda a agenda no que dizia respeito à dimensão de gênero no contexto do Centenário da Abolição, que culminou com um evento de grande importância, o 'Tribunal Winnie Mandela', que realizamos em parceria com o Conselho Estadual da Condição Feminina".

Para Sueli, o Tribunal foi um evento de grandes proporções, que consistiu no julgamento simbólico da Lei Áurea, além de reverter as tendências comemorativas do Centenário para uma perspectiva crítica de análise das consequências da abolição, especialmente para as mulheres negras. O tribunal procurou ganhar caráter internacional: vinculou a luta dos negros no Brasil e das mulheres negras à luta sul-africana, daí o nome. Essa vinculação provocou profundo mal-estar nas autoridades do Itamaraty, levando-as a exercer diversas pressões para a mudança do nome. Mantendo, com firmeza, o formato inicial do evento, Sueli e as outras envolvidas conseguiram imprimir à atividade, realizada no exercício de 1988, a dimensão política previamente elaborada. Mais uma vitória: o evento teve repercussão extraordinária, que marcaria as realizações do inolvidável Centenário da Abolição.

A participação marcante em dois Conselhos de âmbito governamental (estadual e federal) levou Sueli a consolidar os propósitos que vinham se desenhando graças às várias lideranças do movimento de mulheres negras na década de 1980: a constituição de um campo próprio de atuação, ainda carente de delimitações mais precisas, que assegurasse a esse segmento autonomia política. Em vez de se acomodar com as vitórias já conquistadas, Sueli foi impelida a enfrentar outro desafio, experimentando um novo estágio no seu currículo militante: a fundação de Geledés – Instituto da Mulher Negra. Sueli deixou o Conselho Nacional dos Direitos da Mulher em meados de 1989, já com uma organização constituída.

DEMARCANDO AS FRONTEIRAS: A CRIAÇÃO DO GELEDÉS – INSTITUTO DA MULHER NEGRA

Antes de sair do Conselho da Condição Feminina, Sueli Carneiro e um grupo de mulheres negras criaram, em 30 de abril de 1988, o Geledés – Instituto da Mulher Negra. As conquistas políticas engendradas no âmbito do Coletivo das Mulheres Negras de São Paulo, as progressivas mudanças sociorraciais na década de 1980, a abertura e ocupação de novos espaços certificaram o elevado grau de maturidade de muitas mulheres negras nessa década:

> Geledés foi uma organização criada precisamente da avaliação crítica que pudemos empreender das contradições que marcam a relação das organizações do movimento social da sociedade civil com o Estado. A experiência do Coletivo de Mulheres Negras de São Paulo, embora tivesse sido muito exitosa no cumprimento de seus propósitos iniciais, ao longo do tempo foi deixando clara a necessidade de construir um novo espaço político de organização autônoma e independente das mulheres negras, que pudesse estabelecer com o Estado uma relação absolutamente crítica, eventualmente, propositiva e colaborativa. Mas o essencial era resgatar a autonomia, a independência, que nós havíamos perdido com o envolvimento extremamente forte que tivemos na vigência do Coletivo. Tal envolvimento se justificava no contexto em que o Coletivo foi criado, mas não respondia mais às necessidades de uma prática política em sentido um pouco mais ortodoxo, de ser uma esfera independente de vínculos funcionais com partidos, com o Estado. Então é com esse espírito que foi criado Geledés, uma organização que vem com o acúmulo da experiência do Coletivo.

Legitimar a agenda dessas mulheres em organismos específicos tornava-se uma tarefa inadiável, um projeto que desertava do plano das ideias e migrava para o real concreto. Geledés e outras organizações de mulheres negras derivam dessa necessidade.[14] Vive-se um novo tempo discursivo, momento em que as discussões provocadas pelas ativistas negras no Brasil, nos Estados Unidos e em outros países ganhavam concretude.

Assumindo a responsabilidade de assinalar a profundidade da dimensão racial nos círculos feministas, Lélia Gonzalez (1979b, p. 12) tocava em pontos até então interditados nesse espaço. Assegurava ela:

> [...] o atraso político dos movimentos feministas brasileiros é flagrante, na medida em que são liderados por mulheres brancas de classe média. Também aqui se pode perceber a necessidade de denegação do racismo [...]. Aqui também se percebe a necessidade de tirar de cena a questão crucial: a liberação da mulher branca se tem feito à custa da exploração da mulher negra.

Sempre retornando infatigavelmente à discussão nesses circuitos, Lélia relata em entrevista (*MNU Jornal*, n. 19, 1991, p. 8-9) que chegou a ser taxada de

---

14. Nesse mesmo período, um pouco antes da criação de Geledés, surgiram, no interior do movimento negro, algumas organizações de mulheres, ensaiando possibilidades de autonomia. O grupo de mulheres "Mãe Andresa", no Maranhão, surge dessa necessidade. Antes dele, temos, no Rio de Janeiro, o Nzinga – Coletivo de Mulheres Negras, fundado por Lélia Gonzalez em conjunto com outras mulheres, voltado para as demandas das comunidades pobres.

> [...] criadora de caso, porque elas não conseguiram me cooptar. No interior do movimento havia um discurso estabelecido com relação às mulheres negras, um estereótipo. As mulheres negras são agressivas, são criadoras de caso, não dá para a gente dialogar com elas etc., e eu me enquadrei legal nessa perspectiva aí, porque para elas a mulher negra tinha que ser, antes de tudo, uma feminista de quatro costados, preocupada com as questões que elas estavam colocando.

Assim, é das inadequações e deformidades do movimento feminista em relação às mulheres negras que a procura de referenciais próprios torna-se tópico comum nas recorrentes discussões das mulheres negras em diversas partes do mundo. Constroem-se teorias, aprofundam-se reflexões, apresentam-se propostas de atuação com o objetivo de oferecer ferramental adequado a esse sujeito político emergente. Na tentativa de demarcar um campo de atuação, procuram-se termos com significado ordenador mais preciso. Alice Walker cunha o termo *womanismo* para diferenciar a luta das mulheres negras. Segundo afirma, apesar de diversas ativistas negras se autodenominarem feministas, há um movimento crescente de crítica a esse conceito como característico do pensamento e da ação das mulheres brancas contra o sexismo. E assim as mulheres negras têm preferido o termo *womanismo*[15]:

---

15. Há quem faça referência ao *womanismo* apenas da ótica da relação afetiva homoerótica entre mulheres. Embora o termo designe essas relações, não está restrito apenas a elas.

> *Womanismo* é definido como uma perspectiva de valorização da mulher em todos os seus âmbitos de ação e relação, não possuindo, no entanto, uma conotação política, como é o caso do feminismo. Na realidade, o feminismo parece designar uma perspectiva de posicionamento da mulher branca, ignorando vivências mais específicas da realidade cotidiana que assolam as mulheres negras, não contempladas pelo conceito de feminismo. (Sudbury, 2003, p. 37)

Luiza Bairros (*apud* Ribeiro, 1995, p. 21) aponta as dificuldades encontradas pelas mulheres negras na procura de abrigo para suas demandas específicas:

> [...] quando a mulher negra percebe a especificidade de sua questão, ela volta-se para o movimento feminista como forma de se armar de toda uma teoria que o feminismo vem construindo e da qual estávamos distanciados. Nesta procura, se coloca um outro nível de dificuldade, [...] questões soavam estranhas, fora de lugar na cabeça da mulher negra [...]. Se falava na necessidade de a mulher pensar no próprio prazer, conhecer o corpo, mas reservava-se à mulher pobre, negra em sua maioria, apenas o direito de pensar na reivindicação da bica d'água.

Dessa forma, Geledés é a concretização das reflexões e propostas formuladas ao longo de duas décadas pelo conjunto das mulheres negras brasileiras, para transpor as dificuldades relacionadas à demarcação de um lugar próprio, sem se tornar, no entanto, êmulo do movimento feminista, tampouco do movimento negro. Ao contrário. Toda essa engenharia política visando construir um agente político autônomo, que fosse ao mesmo tempo partícipe das lutas coletivas de mulheres e negros, impulsionou a existência da organização, tornando decisivas essas duas vertentes (do racismo e do sexismo) para a emergência de outra.

A missão institucional de Geledés estava, assim, definida: ser uma expressão política das mulheres negras, em luta por igualdade, cidadania, equidade, autonomia (não só em relação a governos e partidos, mas também a outros movimentos sociais, notadamente o movimento feminista e o negro). De acordo com Sueli,

> [...] havia a percepção da necessidade de as mulheres negras se organizarem em torno das suas questões específicas, de forma a poder dar força à sua demanda, à sua identidade específica, enquanto identidade política, demarcar sua diferença em relação à perspectiva universalizante que nucleava o feminismo e também em relação à perspectiva, igualmente universalizante, da questão negra, que subsumia com a questão de gênero.

O nome *Geledés* traduz o princípio de radicalização da instituição: inspirado na tradição africana do culto *Geledè*, dedicado ao poder feminino, às iabás (orixás femininos) e às mulheres ancestrais, assume como identidade específica a reapropriação das tradições culturais negras e reafirma, diante do feminismo, que as mulheres negras têm patrimônio cultural e simbólico próprio, em contraposição ao ideário judaico-cristão que norteava o feminismo.

Geledè[16] é originalmente uma forma de sociedade secreta feminina de caráter religioso existente nas sociedades tradicionais iorubás. Expressa o poder feminino sobre a fertilidade da terra, a procriação e o bem-estar da comunidade.

A instituição converteu-se rapidamente em uma das mais expressivas organizações do movimento negro, com uma plataforma de ações que ecoou em todo o país e em diversas partes do mundo. Vem realizando uma série de atividades impactantes no desenho e execução das políticas públicas; obtém conquistas para as mulheres negras, em particular, e para a população negra, em geral; alcança melhorias reais e simbólicas em suas condições de vida; constrói experiências modelares que devolvem às suas beneficiárias a dignidade ameaçada; proporciona o reencontro da mulher negra com sua identidade; atua na interface da ação prática e teórico-reflexiva.

---

16. *Geledè* celebra a sabedoria das mães anciãs e mulheres entre os iorubas. O festival em que as anciãs são reverenciadas inclui máscara (ou adorno de cabeça, uma vez que não cobre o rosto) usada pelos homens, que, vestidos como mulheres mascaradas, têm a função de acalmar as mulheres mais velhas da tribo. Dança e música fazem parte da cerimônia, que utiliza elementos tradicionais da música ioruba – inclusive percussão complexa e músicas.

Áreas de atuação do Geledés

DIREITOS HUMANOS

Desenvolve atividades com o objetivo de proteger, assegurar e expandir os direitos básicos de cidadania da população negra por meio das seguintes atividades e projetos:

SOS Racismo
Oferece assistência legal gratuita a vítimas de discriminação racial. A ação do serviço ao longo dos últimos anos possibilitou a criação de jurisprudência em alguns aspectos da discriminação racial, em especial nas esferas cível e criminal. A partir de 2000, o SOS Racismo passou a trabalhar também com o Direito Internacional, encaminhando casos concretos à Comissão Interamericana de Direitos Humanos. Em outubro de 2002, o Geledés passou a integrar o rol de organizações da sociedade civil com status consultivo na Organização dos Estados Americanos (OEA).

Promotoras legais populares
Oferece subsídios legais a lideranças comunitárias e a mulheres, tendo como diretriz os princípios fundamentais dos direitos humanos. O objetivo é tornar essas mulheres multiplicadoras estratégicas de informações sobre o tema, garantindo e fortalecendo o exercício efetivo da cidadania e o acesso à Justiça.

Relações internacionais
Atua na ampliação e no fortalecimento das ações de cooperação voltadas para redes de intercâmbio e de solidariedade internacional envolvidas na luta global de combate ao racismo, na promoção e no respeito aos direitos humanos. Promove ações de sensibilização com governos e ONGs internacionais.

Direitos econômicos, sociais e culturais (DhESCs)   Constrói uma estratégia educativa em direitos econômicos, sociais e culturais dos afrodescendentes. Enfatiza a indivisibilidade e interdependência dos direitos humanos civis, políticos, econômicos, sociais e culturais.
Assistência jurídica e psicossocial a mulheres em situação de violência   Oferece orientação, acompanhamento legal e apoio psicológico a mulheres em situação de violência doméstica e sexual por meio de oficinas para o resgate da autoestima. O projeto atende mulheres encaminhadas por movimentos feministas, movimento negro, delegacias da mulher e prontos-socorros, entre outros.

EDUCAÇÃO
Realiza uma leitura propositiva da educação brasileira visando à inclusão qualificada da população negra nos processos educacionais, atuando em diversas áreas:
Ações afirmativas   Desenvolve parcerias de curto, médio e longo prazos com empresas nacionais e estrangeiras visando à diminuição das desigualdades raciais, especialmente no que concerne ao acesso, à permanência e ao sucesso de pessoas negras na universidade.
Projeto Geração XXI   Ação afirmativa pioneira no Brasil, desenvolvida em parceria com a Fundação BankBoston. Atende 21 jovens negros, cujos estudos são custeados do nono ano do ensino fundamental até a conclusão da universidade.

Formação de educadores para superar a discriminação racial e de gênero
Investe na formação para potencializar os educadores como agentes de transformação da desigualdade racial no campo educacional. São oferecidos cursos e oficinas em parceria com órgãos do governo, movimentos sociais e ONGs que enfrentam abertamente a assimetria das relações raciais.

Publicações e outros recursos pedagógicos
Registra, por meio de relatórios e gravações em áudio e vídeo, todas as atividades do Programa de Educação, para transformá-las em recursos didático-pedagógicos alternativos.

Centro de Documentação Lélia Gonzalez
Trabalha na construção da memória institucional, estimulando a pesquisa e a produção na área de relações raciais, de gênero e direitos humanos. Disponibiliza ao público visita e consulta ao acervo, instituindo-se como um estratégico prestador de serviço na área da construção do conhecimento.

JUVENTUDE

Desenvolve cursos de capacitação e profissionalização, de formação para a cidadania e de estímulo ao protagonismo juvenil.

Projeto Brio – Igualdade de oportunidades
Oferece cursos profissionalizantes e de cidadania a jovens e adolescentes negros entre 15 e 21 anos (distribuídos equitativamente entre homens e mulheres). Estabelece convênios com instituições públicas e privadas de capacitação profissional de reconhecida excelência para uma formação integrada desses jovens no mercado de trabalho.

Protagonismo juvenil

Trabalha na conscientização da juventude negra sobre as diferentes formas de exclusão social e contribui na organização política e propositiva de um setor de jovens e adolescentes que se articulam em torno dos movimentos de jovens (hip-hop, rede de juventude, associação de jovens).

ARTICULAÇÃO COMUNITÁRIA

Realiza atividades de inclusão social para segmentos socialmente vulneráveis, em especial mulheres e jovens, por meio de parcerias com órgãos governamentais, agências de cooperação bilateral e lideranças comunitárias.

COMUNICAÇÃO

Acreditando que a comunicação é vital para qualquer movimento social, não apenas como instrumento de visibilidade, mas como nexo de protagonismo, desenvolve atividades de monitoramento de mídia nas questões de gênero e raça. Realiza cursos de capacitação para mulheres negras em novas tecnologias de comunicação, mídia e *advocacy*[17]. Promove a interface da Organização com os meios de comunicação.

SAÚDE

Atua na intervenção e formulação de políticas públicas com recortes de gênero e raça, desenvolvendo intensa articulação política com outras organizações não governamentais e movimentos sociais. Investe na área de pesquisas realizadas pela instituição e estabelece parcerias com outras organizações da sociedade civil e com a comunidade acadêmica.

---

17. Termo oriundo do inglês que ainda não tem definição consagrada em português. Aponta para uma ação coletiva, política, pública e embasada em valores e racionalidades. Tal ação emerge no âmbito da sociedade civil organizada e não do Estado.

AMPLIFICANDO O DEBATE E A ATUAÇÃO: CONFERÊNCIAS MUNDIAIS

A década de 1990 é o período em que o debate a respeito da globalização entra definitivamente na agenda da política mundial como um tema concernente não apenas à economia, mas referente também ao desenvolvimento social dos países, à melhoria de vida de todos os povos e ao papel dos direitos humanos. Nessa perspectiva, realizam-se diversas conferências mundiais sob o comando da Organização das Nações Unidas, com o objetivo de revigorar o debate, nucleado por diversas temáticas, sobre o desenvolvimento social. De acordo com Sueli Carneiro (2002, p. 1),

> [...] após a queda do muro de Berlim, as Conferências Mundiais convocadas pelas Nações Unidas tornaram-se espaços importantes no processo de reorganização do mundo e vêm se constituindo em fóruns de elaboração de diretrizes para políticas públicas. [...] ao longo dos anos 1990, as várias Conferências deram visibilidade a temas essenciais, tais como direitos humanos, meio ambiente, direitos reprodutivos, gênero e pobreza, entre outros. Por isso, a III Conferência Mundial contra o Racismo, Discriminação Racial, Xenofobia e Intolerância Correlatas foi motivo de grandes expectativas e esperanças para o Movimento Negro do Brasil e para o conjunto da população negra.

Inegavelmente, 1990 é a década que nos convida a "pensar globalmente e agir localmente", para usar a expressão utilizada pelo movimento ecologista, que se estendeu aos demais movimentos sociais. É o momento em que vários sujeitos coletivos são instados a se engajar no processo de construção, participação e monitoramento das conferências.

O engajamento das mulheres negras nas conferências é motivado pela necessidade de divisar o problema racial e de gênero nas grandes temáticas trazidas por aquelas – ecologia, direitos humanos, mulher, racismo, xenofobia etc. Sueli Carneiro foi um dos nomes centrais na instigante tarefa de inserir os marcos da luta antirracista e antissexista no bojo dos fóruns internacionais.[18]

A PROJEÇÃO DAS IDEIAS: CONSOLIDAÇÃO DA INTELECTUAL

Segundo a historiadora francesa Michelle Perrot (2001), o século XIX acentuou a oposição entre homens políticos (habitantes do espaço público) e mulheres domésticas (habitantes do espaço privado). Esse confinamento das mulheres traz consequências já bastante conhecidas. Uma vez que elas aparecem menos no espaço público, espaço por excelência da observa-

---

18. Desempenhou papel importante, com suas reflexões e ação militante, na IV Conferência Mundial sobre a Mulher, realizada em Pequim, em 1995; na Conferência Mundial contra o Racismo, a Xenofobia e Formas de Intolerância Correlata, realizada em 2001, em Durban; na Conferência Regional das Américas (evento preparatório da participação da região americana na III Conferência Mundial contra o Racismo, Xenofobia e Intolerâncias Correlatas, em 2001, na África do Sul), realizada em 2000; e em Santiago +5 (uma avaliação dos cinco anos da Conferência Regional das Américas).

ção e da narrativa históricas, fala-se pouco delas; o poder da escrita será de domínio masculino.

No que diz respeito à invisibilidade das mulheres negras, veremos que o império do silêncio se mobiliza com armas e estratégias ainda mais poderosas.

De que modo divisar uma história da fala e da escrita das mulheres negras, visto que os parâmetros entre público e privado se esfumam e não se ajustam a elas (no pós-escravidão a rua era um dos postos de trabalho das mulheres)? Como quebrar referências cristalizadas sobre a mulher negra sem usar o conceito de feminilidade ignorado pelas mulheres brancas, uma vez que as representações de "pureza", "fragilidade" e "pudor" são em tudo opostas à representação que vale para a mulher negra?

Em algumas autoras negras encontram-se chaves de compreensão. bell hooks[19] considera que os estereótipos decantados por um imaginário racista e sexista sobre a mulher negra desde a escravidão impediram que ela fosse vista além do seu corpo, impondo-lhe papéis fixos que circulam recorrentemente e alimentam o sistema de dominação patriarcal e racista:

---

19. bell hooks é o pseudônimo de Gloria Jean Watkins, escritora norte-americana nascida em 25 de setembro de 1952, em Kentucky, Estados Unidos. O nome que ela escolheu para assinar suas obras é uma homenagem aos sobrenomes da mãe e da avó. O nome é grafado em letras minúsculas. Para ela, nem nomes nem títulos têm tanto valor quanto as ideias. Foi laureada com *The American Book Award*, um dos prêmios literários de maior prestígio em seu país. Entre as influências da autora, além de Martin Luther King, Malcom X e Eric Fromm, figuram as teorias de educação defendidas por Paulo Freire.

> Essas representações incutiram na cabeça de todos que as negras eram só corpo, sem mente. A aceitação cultural dessas representações continua a informar a maneira como as negras são encaradas. Vistos como "símbolo sexual", os corpos femininos negros são postos numa categoria, em termos culturais, tida como bastante distante da vida mental. Dentro das hierarquias de sexo/raça/classe dos Estados Unidos, as negras sempre estiveram no nível mais baixo. O status inferior nessa cultura é reservado aos julgados incapazes de mobilidade social, por serem vistos, em termos sexistas, racistas e classistas, como deficientes, incompetentes e inferiores. (hooks, 1995, p. 13)

Angela Davis considera que o estupro está na base da desumanização da mulher negra pelo homem branco, o seu proprietário, para além da escravidão. Lélia Gonzalez incorpora as categorias da mucama, da empregada doméstica e da mãe preta para, de uma ótica psicanalítica, avaliar como funciona engenhosamente o racismo brasileiro. Angela Gilliam também assinala a sexualização das mulheres negras como forma de controle social, o que define o seu papel e mantém o controle do imaginário sobre elas. Em suma, no que diz respeito à mulher negra, as significações são regradas e imutáveis.

A reconstrução de outra memória, condizente com a dignidade das mulheres negras, implica a implosão dessas referências.

No Brasil, a escritora Carolina de Jesus, já referida, foi a grande voz que se levantou contra as barreiras do silêncio. Consciente da opressão pelas vias do racismo e do sexismo, expressou seu pensamento com um estilo cáustico e devastador. Na contemporaneidade, cruzam-se esforços de escritoras negras, tanto no campo literário, quanto no campo da ação militante e da atividade intelectual, para dar continuidade ao lastro deixado por Maria Firmina dos Reis e Carolina de Jesus e, assim, criar uma tradição, um arquivo histórico condizente com o percurso das mulheres negras no mundo; mencionemos Lélia Gonzalez, Luiza Bairros, Wânia Sant'Anna, Mundinha Araújo, Matilde Ribeiro, Conceição Evaristo e Jurema Werneck, entre tantas outras.

Nessa frente de batalha, o nome da Sueli escritora se destaca. Falar e escrever, para ela, assim como para outras escritoras negras, é se insurgir. Qual o lugar de Sueli Carneiro nesse empreendimento? Que timbre ganha sua voz? Ela rompe o dique do silêncio e estabelece novos marcos para a construção da memória.

Filósofa de formação, doutora em Filosofia da Educação, a nossa biografada exerce várias modalidades de escrita: descreve o cotidiano político das relações raciais e de gênero, conjuga essa escrita com a pesquisa acadêmica, sistematiza e ordena a reflexão dos pesquisadores e militantes.

NO RASTRO DA LETRA

Com mais de 150 artigos publicados em jornais e revistas, dezessete em livros, organizadora de três obras, Sueli escreve proficuamente. Avessa à institucionalização acadêmica, alia a perspectiva militante com a ação reflexiva, surgindo daí uma práxis política extremamente eficaz. As marcas que vincam seu texto são as do engajamento político, da crítica consequente e da proposição de caminhos exequíveis, da polêmica externa e interna aos movimentos. Sueli acumula uma produção abrangente:

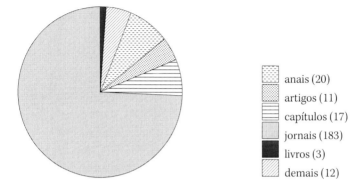

Donde, na legenda, se lê: 1) *anais*: trabalhos publicados em anais de congressos; 2) *artigos*: artigos completos publicados em periódicos; 3) *capítulos*: capítulos de livros; 4) *jornais*: artigos publicados em jornais e revistas; 5) *livros:* livros publicados/organizados ou edições; 6) *demais*: demais tipos de produção técnica.

A apresentação desse gráfico não atende à intenção, muito comum em nossos tempos, de consagrá-la como escritora pela quantidade dos seus escritos, mas visa tão somente a demonstrar que a escrita ocupa em sua agenda de trabalho lugar prioritário. A consagração vem (e para ela já veio) de outro lugar.[20]

---

20. A propósito, tempos atrás, um ex-secretário de Educação do estado de São Paulo comentou com muito entusiasmo que tinha 38 anos e 38 livros publicados, como se a "façanha" autenticasse a excelência de suas obras. O anúncio do secretário, ao contrário do esperado, pôs sob suspeita a qualidade e a densidade dos seus escritos.

A vocação para escritora foi em grande parte motivada pelo professor Octavio Ianni, que foi seu orientador, em 1985, em um mestrado não concluído por força da intensa vida militante:

> Entre 1980-84, tudo estava projetado para eu seguir carreira acadêmica. Em 1981, eu entro para o mestrado na Universidade de São Paulo. Você vê que as datas vão coincidindo com meu processo de envolvimento político. Eu abandonei o mestrado na qualificação, isso deveria ser por volta de 1983 ou 84. Às vésperas da qualificação do mestrado, eu estava num processo de estreito vínculo com o Coletivo de Mulheres Negras de São Paulo. É quando começo a abandonar a academia. E aí eu faço depois uma nova tentativa. Um pouco mais tarde, acho que lá em 1985, vou para a PUC e começo a trabalhar com o professor Octavio Ianni. Aí nós dois percebemos que eu estava contaminada com o vírus da militância. Eu me lembro muito vivamente que ele me falou uma coisa que eu nunca esqueci: "Fazer vida acadêmica não é um atavismo pelo qual todo mundo tem que passar, mas nunca deixe de escrever". E isso foi uma coisa importante para o meu percurso. Com título ou sem título, ele me falou: "Você precisa dizer, escrever. Use esse instrumento". Ele achava que eu era uma boa aluna, embora perdida, dilacerada pela militância, mas aconselhou que eu não me furtasse de manifestar minhas ideias, sobretudo por meio da escrita. Considerei o conselho do professor e acabei cumprindo, de certa maneira, uma promessa feita a ele.

Ilustramos, por meio da transcrição do texto "Viveremos", a força denunciadora acompanhada do princípio de esperança que emana dos textos de Sueli:

> Viveremos
> "A mulher que cuida das crianças pede ao menino de 5 anos que explique o que acontece. Ele diz: 'A polícia entrou aqui, mandou todas as crianças encostarem na parede desse jeito e falou que levaria todos nós para a Febem se a gente não contasse onde estavam escondidas armas e drogas'. O garoto se juntou à menininha, mãos na parede. Mais sete crianças repetiram o ato." (*Folha de S.Paulo*, 21/5/2006)
>
> A reportagem da qual retirei essa epígrafe estende-se na descrição das incursões policiais na favela dos Pilões (zona sul de São Paulo). Numa das visitas, três mortos: jovens com menos de 30 anos, todos trabalhadores, um deles epiléptico. O patrão de dois deles custeou os funerais e ofertou aos corpos urnas de madeira nobre, talvez num gesto simbólico de resgate da dignidade daqueles jovens e expressão da consciência da injustiça cometida. É apenas um dos casos das dezenas que estão vindo a público pela pressão de órgãos de imprensa, do Ministério Público Estadual de São Paulo e do Cremesp (Conselho Regional de Medicina de São Paulo), pela divulgação da relação e acesso aos laudos periciais dos suspeitos mortos pela polícia em represália ao assassinato de policiais civis e militares e agentes penitenciários nos ataques perpetrados pelo PCC. Previsível, mas sempre chocante.
>
> [...]

No entanto, nem as autoridades responsáveis pela segurança pública ou pelo sistema prisional, nem a elite perversa são o alvo da represália dos policiais ou do governador. A ira de ambos se abate sobre os de sempre, da parte dos policiais por ação e do governador por omissão ou conivência diante da matança indiscriminada dos que são alvo (embora majoritariamente negros) da perversidade da tal minoria branca. Em 16 de maio, informava-se que, no IML do bairro de Pinheiros, em São Paulo, havia fotografias de 15 corpos. A maioria era de jovens negros e apresentava buracos de bala na cabeça. Desde então os números não pararam de aumentar. Não quero, como sempre, chorar mais esses mortos em praça pública. Clamar contra esse genocídio como tantas vezes já o fiz aqui. Talvez porque, dessa vez, as coisas foram tão longe, atingiram um ponto insustentável, em que é preciso conter a consciência, em sua capacidade de vislumbrar e analisar o horror em toda a sua plenitude, para não desistir. É preciso esquecer por instantes os números de vítimas chacinadas e celebrar a vida e a luta pela emancipação, que se trava a cada dia, que tanto faz recrudescer a violência e o ódio racial quanto aumenta em cada um de nós a consciência do porquê morremos. É preciso ir ao encontro da vida para buscar forças para resistir.

Vou para as ruas, o palco dos sacrifícios e redenções. Respiro o ar poluído desta São Paulo estranha, admiro a paisagem cinzenta deste outono invernal. Nas voltas por alguns quarteirões, vejo crianças negras como as encontradas na favela dos Pilões: meninas de "olhos negros, grandes e redondos e penteado maria-chiquinha". Mas elas estão voltando da escola, mochilas pesadas às costas, trancinhas balançantes. Tagarelam alegremente. Uma alegria que sopra em minha mente um eco que diz: "Viveremos!"

Atravesso uma praça e um grupo de adolescentes negros joga carteado. Minha mente viciada na paranoia da violência não deixa de imaginar: se passar um carro de polícia por aqui agora, eles estarão em apuros e pode até acontecer o pior. Parece que jogavam buraco e uma dupla vence festejando com alegre algazarra. Rejeito a armadilha da mente paranoica e deixo a algazarra alegre penetrar dentro de mim e ela também me anuncia: "Viveremos!"

[...]

Os intelectuais racistas do final do século XIX e começo do XX estimavam que em torno de 2015 o Brasil estaria livre da "mancha negra". Sobrevivemos à escravidão, temos sobrevivido à exclusão, sobreviveremos aos periódicos genocídios. Somos "uma pretalhada inextinguível" como disse, em desespero, Monteiro Lobato. Viveremos!

Escrevendo para um dos mais importantes jornais do país, o *Correio Braziliense*, Sueli Carneiro trava um embate com os discursos habituais, as visões recorrentes que pretensiosamente se arvoram a dar a solução definitiva ao problema do negro; ela descortina posições ideológicas que alimentam privilégios. Emerge, com seus textos quinzenais, outra tradição de sentido: ela disputa sítios de significação. Abordando preferencialmente a temática de raça e gênero à luz dos problemas brasileiros, a coluna de Sueli desponta como espaço importante porque articula outros pontos de vista e torna possível, dessa forma, incluir o "excluído" nos fragmentos textuais dos jornais impressos.

❖ ❖ ❖

Implacavelmente convincentes, os textos de Sueli Carneiro firmam sempre o compromisso que nem mesmo a fadiga e certa dose do desencanto com o estado da arte das relações raciais arrefecem. Pela diversidade das questões que aborda, pode-se reconhecer a plena disponibilidade para a intervenção política que caracteriza a visão de uma mulher que não se deixa abater pelos apertados limites da sociedade racista e sexista.

A academia é revista como espaço ideal para atualizar o debate racial que despontava em fins do século XX.

PESQUISA ACADÊMICA: DIALOGANDO COM MICHEL FOUCAULT[21]

Depois de duas décadas de militância, em 1999, Sueli decide retornar à academia. É o momento oportuno para se dedicar a um programa de estudos que pudesse dar conta teórica e reflexivamente do contexto histórico que se desenhava naquele momento:

---

21. Filósofo e historiador francês (1922-1984) que exerceu grande influência sobre as gerações pós-68. É autor de obras como *A história da loucura*, *As palavras e as coisas*, *História da sexualidade*, *Vigiar e punir*. Tem expressiva importância nas reflexões sobre o saber, o poder e o sujeito.

Era o momento em que nós estávamos comemorando doze anos de Geledés, já tínhamos uma organização com uma década de existência, com marcas fortes consolidadas na esfera pública, experiências exemplares e novos desafios despontando, a questão racial mudando de patamar, as políticas públicas começando a ser enfocadas, novas inflexões no debate público sobre a questão racial... E aí eu começo a considerar que era hora de fazer uma pausa para reflexão sobre todo esse processo, essa própria trajetória pessoal, de descoberta, de engajamento com a questão racial. Digamos que fui acometida por aquele princípio de Foucault, do revezamento entre *teoria* e *prática*. Eu vinha de um forte ativismo de quase duas décadas, e estava sentindo a necessidade de "rodiziar", de parar para refletir novamente sobre a própria trajetória. Nesse momento, fui muito provocada pela professora Roseli Fischman, que há muitos anos vinha tentando me convencer a retornar para a academia. Então havia, de um lado, essa insistência de anos da Roseli Fishman. Mas também eu já estava me sentindo confortável, a instituição já tinha uma coisa muito consolidada, uma dinâmica de trabalho instaurada, que me permitia sair um pouco da linha de frente e poder me dedicar a pensar, estudar e renovar as minhas reflexões. Era hora também de oxigenar ideias.

Efetivamente, o fim da década de 1990 foi um momento claramente auspicioso para as organizações negras: nele, um novo patamar de proposições foi escalonado. O tópico racial migrava para uma institucionalidade mais efetiva e as ações afirmativas despontavam como via prioritária para a transposição do racismo, o que impulsiona Geledés a executar o projeto "Geração XXI" – a primeira experiência de ação afirmativa do país, em parceria com o Estado (representado pela Fundação Cultural Palmares), a sociedade civil (Geledés) e empresa (BankBoston): "É isso que me leva de volta para a academia: o desejo de sistematizar uma reflexão sobre a questão racial, informada por uma experiência concreta de militância".

Sueli regressou aos bancos escolares para cursar o mestrado, começando o curso em 2000. Nesse percurso, retomou o pensamento de Foucault, tema de pesquisa já explorado nas suas primeiras incursões na pós-graduação em 1984. Quase vinte anos depois, retornou à academia e ajustou contas com o seu projeto de mestrado inconcluso.

É muito curioso; nessas minhas idas e vindas da primeira fase do mestrado, encontrei o pensamento de Foucault. E isso aconteceu num curso que foi importantíssimo para mim, um curso que eu fiz com o professor José Augusto Guilhon sobre o pensamento de Foucault.

A magnitude dos efeitos do racismo exige voo teórico elevado, que Sueli alça com competência. Com base nos conceitos de dispositivo e de biopoder de Michel Foucault, concebidos por ela como ferramenta extraordinária para compreender a engenharia racista, desenvolveu uma pesquisa que culminou numa fundamentação densa que explicava a lógica de funcionamento do racismo no Brasil como negação do outro: "Naquela época eu tinha feito um esboço e quis retomar aquilo numa reflexão mais aprofundada, no nível de mestrado. Na verdade era um *insight* em que eu queria testar a capacidade de os aportes foucaultianos darem minha compreensão da questão racial".

Quando da sua qualificação, foi surpreendida com a indicação para passar para o doutorado direto. Para ela, foi uma grata e inesperada surpresa, que provocou espanto:

> Eu estava pronta para fazer um processo razoavelmente longo, eu estava delineando um caminho, porque já me encontrava numa situação estável (em termos de atuação política) e poderia me dar o direito de fazer isso com tempo. É claro que você não diz para a banca: "Eu não quero fazer doutorado", mas a surpreendente notícia me deixou em pânico, me tirou daquele castelo que eu tinha montado e virou um verdadeiro desafio. Foi algo extremamente desafiante e apavorante, aterrorizante em alguns momentos, mas concluí, tive uma boa avaliação da banca, fiquei bastante honrada e está aí um trabalho de pesquisa que está sendo bastante consultado, muita gente está usando e eu estou muito feliz com os ecos da tese. Mesmo não estando publicada, eu a tenho encontrado referida em vários trabalhos. Agora, o meu desafio é publicá-la.

Com a passagem para o doutorado, sem estágio intermediário, Sueli experimentou uma situação de *serendipidade*, termo utilizado pela escritora negra Ana Maria Gonçalves no livro *Um defeito de cor*[22], que diz respeito ao momento em que descobrimos ou encontramos alguma coisa enquanto procurávamos outra, mas para a qual já tínhamos de estar, digamos, preparados.

---

22. O livro narra a trajetória de Kehinde/Luísa, africana que chegou ainda criança como escrava em terras brasileiras. É uma narrativa construída por uma jovem e mais que talentosa escritora, que revela os relatos de Kehinde, seu cotidiano, a vida vista da senzala e não da casa-grande, a partir dos olhos de uma menina, de uma mulher, e não do ponto de vista masculino.

3.
Mais algumas palavras – A emergência da interlocutora acadêmica

Pensamento atilado, rapidez reflexiva, patrimônio amealhado com a atuação militante, protagonismo das cenas fundamentais da história negra são características que fazem de Sueli Carneiro também uma intelectual, uma mulher com densidade para ser interlocutora dos temas que constituem o projeto de mudança do país. Em sua inegável aptidão para pensar a coisa pública, seu pensamento espraia-se no tecido social e é convocado ao debate público.

Delineiam-se com precisão os traços de uma intelectual. Não me servirei dessa palavra sem cercá-la de aspas e precauções, visto que a nossa biografada diz o seguinte:

> Eu sou parte daquela geração que sempre teve problema em usar o conceito de intelectual; eu me vejo como ativista antes de qualquer coisa. Tenho muito orgulho de ser uma militante negra, de ser uma ativista. Acho um lugar muito digno para localizar a sua vida. Então, em-

bora o conceito de intelectual venha sempre embrulhado numa aura, eu nunca me senti particularmente interessada nessa alcunha. A teoria para mim é um instrumento pra potencializar a ação, e a ação política é um instrumento que potencializa a reflexão sobre um determinado campo. Não é que eu tenha uma visão absolutamente instrumental, só, da atividade acadêmica, mas na minha vida ela sempre esteve articulada com isso: produzir sentidos transformadores para a vida das pessoas. Eu jamais estudaria o sexo dos anjos [risos] ou teria prazer numa investigação bastante desvinculada. Eu identifico isso, essa política, na medida em que a ação do pensamento é estratégica. Pensar, conceber, formular, repensar, compreender são dimensões estratégicas da luta. Não há opção política sem pensamento.

Uma das faces dessa interlocução é a sua profícua participação em bancas de defesa de dissertação e de teses:

> Tem sido muito prazerosa a experiência de participar de bancas, de grupos de pesquisa. Com a tese, abriu-se um novo espaço de atuação, mais compatível com a minha idade, porque acho que não estou mais na idade de estar naquele pique louco de militância acelerada que a gente realizou principalmente nas duas primeiras décadas de existência de Geledés, que foi uma coisa feroz, insana o esforço despendido para a construção da organização, para consolidá-la.

Embora continue no Geledés, de onde não se desvincula, Sueli experimenta uma nova etapa em seu compromisso militante: a de sistematizar e organizar a produção negra. Reforça esse outro papel o fato de os militantes do movimento negro de sua geração não terem cuidado, como era de esperar, de sua própria produção. Instados pela aventura concreta posta pela vida, de onde não se pode banir a atuação imediata, muitos ativistas não tiveram oportunidade de publicar sua produção, suas experiências, os acertos, os erros, as vitórias, os fracassos para as gerações do presente e do futuro.

Esse apego pela memória, no firme desejo de recuperar um universo que a ideologia racista e sexista pretendeu arrasar, reveste-se, portanto, de caráter político: "Isso é tarefa política, que se realiza no plano intelectual-acadêmico, mas é uma tarefa política". Desse modo, Sueli procura realizar um vivo trabalho de atualização da produção negra. Tal aproximação se dá num contexto equacionado sobre coordenadas perfeitamente insertas em uma atmosfera marcada pela necessidade do registro, da escrita. Sueli é também, assim, guardiã da nossa memória:

> Há uma debilidade dos nossos registros. E isto tem consequências negativas para a militância, na medida em que as pessoas sempre chegam achando que têm de inventar a roda e acabam por reproduzir ações já experimentadas. Eu sempre fico apreensiva com o fato de que nós não temos toda a obra do Abdias Nascimento plenamente disponibilizada. Outro dia, chegou uma professora de uma universidade canadense, uma orientadora, que

estava interessada na obra do Abdias. O Abdias Nascimento é considerado internacionalmente um dos grandes nomes do pan-africanismo, e não existe correlação dessa importância internacional com a reverberação que ele tem no Brasil, para ficar num exemplo mais emblemático. Então é preciso um esforço de todos nós, sobretudo dos mais velhos, para tornar disponíveis pensadores como Abdias, Kwame N'Kruma, Lumumba, Amílcar Cabral, Samora Machel, Senghor. Há um patrimônio político africano e diaspórico que não chega facilmente pra nós. É um sonho construir essa memória, me ocupar com essas coisas, facilitando, assim, que isso chegue facilmente às próximas gerações militantes. Essa é uma questão da maior importância, porque o pensamento desses intelectuais continua absolutamente imprescindível para conhecermos nossa trajetória como um povo vilipendiado e, sobretudo, para preservar a memória da resistência, que está na África e em todos os continentes. É inadmissível a gente não ter o trabalho de Lélia Gonzalez organizado numa publicação, disponibilizado na internet. Para mim, essa tarefa é parte de um desafio importante, de construção e preservação da nossa memória, a memória das nossas lutas, da nossa resistência no Brasil e no mundo. Essa é uma questão que ainda me mobiliza muito.

Bibliografia

Bairros, Luiza. "Lembrando Lélia Gonzalez". In: Werneck, Jurema. *O livro da saúde das mulheres negras: nossos passos vêm de longe*. Rio de Janeiro: Pallas/Criola, 2000.

Campos, Augusto. *À margem da margem*. São Paulo: Companhia das Letras, 1989.

Carneiro, Sueli. "A batalha de Durban". *Revista de Estudos Feministas*, v. 10, n. 1, 2002, p. 209-14.

_____. "A mulher negra na sociedade brasileira: o papel do movimento feminista na luta anti-racista". In: Munanga, Kabengele (org.). *História do negro no Brasil, vol. 1. O negro na sociedade brasileira: resistência, participação, contribuição*. Brasília: Fundação Cultural Palmares/Minc, 2004, p. 34.

_____. "Golpes de caneta". *Correio Braziliense*, Brasília, 28 nov. 2003a, p. 3.

_____. "Hum, hum!" *Correio Braziliense*, Brasília, 18 jul. 2003b, p. 3.

_____. "Mulheres em movimento". *Estudos Avançados*, v. 17, n. 49, 2003c, p. 32-47.

_____. "O melhor das cotas". *Correio Braziliense*, Brasília, 23 fev. 2003d, p. 3.

CARNEIRO, Sueli; SANTOS, Tereza. *A mulher brasileira na década da mulher*. São Paulo: Conselho Estadual da Condição Feminina, 1985.

CARRANÇA, Flávio. *Hamilton Cardoso (militante)*. São Paulo: Instituto do Negro Padre Batista, 2008.

DAVIS, Angela; DENT, Gina. "A prisão como fronteira: uma conversa sobre gênero, globalização e punição". *Revista de Estudos Feministas*, Florianópolis, v. 11, n. 2, dez. 2003. Disponível em: <http://www.scielo.br/scielo.php?script=sci_arttext&pid=S0104-026X2003000200011&lng=en&nrm=iso>. Acesso em jun. 2009.

EVARISTO, Conceição. *Ponciá Vicêncio*. Belo Horizonte: Mazza, 2003.

GILLIAM, Angela; GILLIAM, Onik'a. "Negociando a subjetividade da mulata no Brasil". *Revista de Estudos Feministas*, v. 3, n. 2, 1995, p. 525.

GONZALEZ, Lélia. "A cidadania e a questão étnica". In: TEIXEIRA, João Gabriel Lima (org.). *A construção da cidadania*. Brasília: Editora da UNB, 1986, p. 45-57.

_____. "Cultura, etnicidade, trabalho: efeitos linguísticos e políticos da exploração da mulher". Comunicação apresentada no VIII Encontro Nacional da Latin American Studies Association. Pittsburgh, Pensilvânia, abr. 1979b (mimeo).

_____. "Mulher negra". *Revista Afrodiáspora*, v. 3, n. 67. São Paulo: Ipeafro, 1983a.

_____. *O lugar do negro*. Rio de Janeiro: Marco Zero, 1982.

_____. "O papel da mulher negra na sociedade brasileira: uma abordagem político-econômica". Comunicação apresentada no Spring Symposium the Political Economy of the Black World, Center for Afro-American Studies. Los Angeles: Ucla, maio 1979a.

_____. "Racismo e sexismo na cultura brasileira". In: *Movimentos sociais urbanos, minorias étnicas e outros estudos*. Brasília: Anpocs, 1983b, p. 23-45.

_____. "Racismo por omissão". São Paulo, *Folha de S.Paulo*, 13 ago. 1983c.

HANCHARD, Michael. *O Orfeu e o poder: movimento negro no Rio de Janeiro e em São Paulo (1945-1988)*. Rio de Janeiro: Uerj/Ucam – Centro de Estudos Afro-Asiáticos, 2001.

HOOKS, bell. "Intelectuais negras". *Revista de Estudos Feministas*, Florianópolis, v. 3, n. 2, 1995, p. 23-37.

JESUS, Maria Carolina. *Quarto de despejo*. São Paulo: Ática, 2001.

PERROT, Michelle. *As mulheres e os silêncios da história*. São Paulo: Edusc, 2001.

RATTS, Alex. *Eu sou Atlântica: sobre a trajetória de Beatriz Nascimento*. São Paulo: Imprensa Oficial/Instituto Kuanza, 2005.

RIBEIRO, M. "Mulheres negras brasileiras: de Bertioga a Beijing". *Revista de Estudos Feministas*, n. 2, v. 3, 1995, p. 13-26.

ROUDINESCO, E.; DERRIDA, Jacques. *De que amanhã*. Rio de Janeiro: Zahar, 2002.

SANT'ANNA, Wânia. "História de vida e de organização política: mulheres negras na construção do conhecimento". In: *Mulheres negras formulando políticas públicas de desenvolvimento*. Caderno de Textos. Brasília: Articulação de Mulheres Negras Brasileiras, 2004. *Revista de Estudos Feministas*, n. 2, v. 3, 1995, p. 24-45.

SILVEIRA, Oliveira. "Ventre livre e corpo escravo". *Versus,* n. 25. São Paulo: Versus, 1978.

SMITH, Barbara; HULL, Gloria T.; SCOTT, Patricia Bell. *All the women are white, all the blacks are men, but some of us are brave: black women's studies*. Nova York: Feminist Press, 1986.

SUDBURY, Julia. *Outros tipos de sonhos – Organizações de mulheres negras e políticas de transformação*. São Paulo: Selo Negro, 2003.

WERNECK, Jurema. *O livro da saúde das mulheres negras: nossos passos vêm de longe*. Rio de Janeiro: Pallas/Criola, 2000.

www.gruposummus.com.br